成都市高新区卢坚·邹林名师工作室研究成果
成都市玉林中学"主动学习"课堂系列研究成果
成都市高新区《基于学科核心素养的中学化学数字化实验教学实践研究》课题研究成果

基于学科核心素养的
中学化学数字化实验教学实践

卢坚　邹林／主编

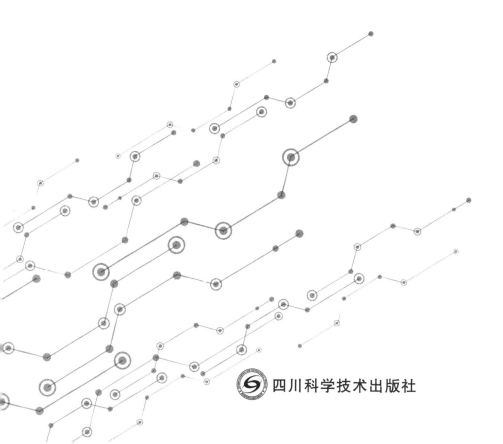

四川科学技术出版社

图书在版编目（CIP）数据

基于学科核心素养的中学化学数字化实验教学实践/
卢坚，邹林主编. -- 成都：四川科学技术出版社，
2024.6. -- ISBN 978-7-5727-1397-2

Ⅰ. G633.82

中国国家版本馆 CIP 数据核字第 2024MM3053 号

基于学科核心素养的中学化学数字化实验教学实践
JIYU XUEKE HEXIN SUYANG DE ZHONGXUE HUAXUE SHUZIHUA SHIYAN JIAOXUE SHIJIAN

主　　编　卢　坚　邹　林

出 品 人　程佳月
责任编辑　吴　文　王　娇
助理编辑　张雨欣
封面设计　张　继
责任出版　欧晓春
出版发行　四川科学技术出版社
　　　　　成都市锦江区三色路 238 号　邮政编码 610023
　　　　　官方微博　http://weibo.com/sckjcbs
　　　　　官方微信公众号　sckjcbs
　　　　　传真　028-86361756
成品尺寸　170 mm×240 mm
印　　张　14.5
字　　数　290 千
制　　作　😊 四川看熊猫杂志有限公司
印　　刷　成都蜀通印务有限责任公司
版　　次　2024 年 6 月第 1 版
印　　次　2025 年 1 月第 1 次印刷
定　　价　58.00 元

ISBN 978-7-5727-1397-2

邮　购　成都市锦江区三色路 238 号新华之星 A 座 25 楼　邮政编码：610023
电　话：028-86361770

本书编委会

序一

　　实验教学是化学教学的核心内容。实验奠定了化学学科的根基，发展了化学学科的主干，并为化学学科的枝繁叶茂提供了不竭源泉，而化学实验教学则为学生认知学科特点，感悟化学与生命、化学与健康、化学与社会等提供了学科视角。从某种意义上来说，实验对于化学的重要性犹如水之于生命、阳光之于万物的意义，而没有实验的化学教学如一潭死水，犹如未点睛之龙，缺乏内涵与灵魂。

　　冥冥之中的缘分使然，我认识了成都市玉林中学的邹林老师。大学毕业后，邹老师在一线耕耘二十载，常年担任学校重点班教学任务，是一位具有教育情怀、专业底蕴深厚、乐教善研的好老师。在长期的教学实践中，她跟随四川省特级教师卢坚老师一起聚焦于实验教学改革和数字化实验的研究，积累了大量的教学素材和实践经验，形成了自己的教学主张。他们成立了成都高新区化学名师工作室，将多年的教学经验沉淀、过滤，取其精髓，无私分享。在与工作室成员的交流中，我有幸认识了玉林中学的王琴、凌芮、龙潇，石室天府中学的李英坤、李阳、盛林娟，高新实验中学的张小颖、项梅等高新区一线化学教师，感受到了工作室团结严谨的共研氛围，更深入了解到工作室成员在卢坚、邹林两位老师的带领下，在新教材、新高考方面开展研究，特别是运用手持技术数字化实验于中学化学教学所开展的工作，取得了丰硕成果。

　　高中化学新课程标准强调立德树人，培育化学学科核心素养。化学实验作为这门学科的显著特征，是培育中学生学科核心素养的利器。数字化实验的内涵和意义在本书中得到全面解析，数字化实验的应用场景在本书中得以生动呈现，核心素养导向的化学实验教学在本书中得以详细阐释。本书的特色在于理论和实践的结合，策略与示例的融合，知识学习与素养导向的结合，对一线教师在"双新"背景下开展数字化实验教学与研究具有很好的指导意义。

  数字赋能教学，数字化实验教学也让传统实验教学有了新的视角。这部凝聚了多位名师研究心血的作品一定会得到中学化学教师的认可并让更多的师生从数字化实验中受益。在《基于学科核心素养的中学化学数字化实验教学实践》问世之际，我乐荐之。

伍晓春

2023 年 3 月于成都

伍晓春　四川师范大学教授、博士，硕士研究生导师，四川师范大学化学与材料科学学院副院长。国家级一流专业负责人，四川省普通本科高校教学指导委员会副主任委员，四川省教育学会化学教学专家委员会副主任，教育部学位与研究生教育发展中心学位论文评审专家，四川省教育评估院教育评估监测专家。

序二

正值《义务教育课程方案（2022 年版）》颁布之际，本人有幸阅读了由成都高新区卢坚、邹林名师工作室编写的《基于学科核心素养的中学化学数字化实验教学实践》初稿，掩卷回味，这部书稿是工作室老师们踏踏实实做出来的，在如下几个方面积极回应了新课程方案的要求，值得一线化学教师和中学化学教育研究者关注。

一是基于从三维目标向核心素养取向的教育转型，构建与总结了以大概念为核心开展化学整合性教学的实践模型与教学策略。从三维目标到核心素养，重在一个"用"字，从学以致用、用以致学到学用合一、知行合一，学生逐步学会解决真实世界的复杂问题，这是核心素养达成的重要标志。在实际教学中，面对真实世界的复杂问题，需要一个整合器来整合各种价值取向、必备品格和关键能力；同时，在核心素养与学科知识之间建立有效的联系需要一个桥梁，大概念就是这个整合器和桥梁。书中构建了以大概念为核心的整合性教学实践模型，立足真实情景，以大概念为核心，以化学数字化实验为载体，以学科实践过程为主线，使复杂问题得以解决，让中学化学五大核心素养同步发展、整体生成。

二是基于强化课程的实践性和教育数字化转型的要求，为一线化学教师提供了可操作、可复制的化学数字化实验教学操作指南。所谓实践，指认识主体和改造客体的物质活动。实验探究是具有化学教学意义的典型实践，是在探究、创新的价值取向和愿景下，运用科学的化学概念、化学思想与化学工具，整合学生的心理过程与操控技能，解决生活中的真实问题的一套典型做法。当前，我国全面推进教育数字化转型具有深刻的战略背景，在化学教学实践中，我们可以借助伴随信息技术发展而生的数字化实验技术，以学生为主体，重塑学生的能力结构，遵从学生个体生长规律来设计学习空间，设计教学过程，丰富学习活动，基于事实和证据进行有效推理，帮助学生更加深入地理解化学宏观现象，作出微观解释。本书从中学化学数字化实验发展、现状、教学主张入手，系统地介绍了如何让数字化实验教学指向化学五大核心素养，如何在数字化实验教学中运用大概念进行统整，在各大教学环节中如何具体组织实施，完全就是一部中学化学数字化实验教学操作指南。

三是基于一线化学教师快速理解和具体运用教学策略的现实需求，本书还提供了四种典型应用场景的典型案例。首先，课堂是落实核心素养开展数字化实验教学的主阵地；其次，新课标明确提出，需要至少用 10% 的教学时间开展学科实践，学科实践的主要方式是主题实践活动和项目式学习；再次，面对现实，中高考中的试题解答能力是中学生无法回避的真问题，如何帮助学生有效应对以核心素养为导向，综合性和实践性都很强的化学数字化实验试题也是一线化学教师需要面对的问题。本书围绕课堂教学场景，主题实践活动场景，项目式学习场景，中高考试题场景四个中学化学数字化实验教学的主要运用场景，通过综述与典型案例相结合的方式进行呈现，有极强的实用性。

总之，本书针对的教学问题是真实的，选取的理论和认知框架合理，结构清楚，文字表达简练，解决问题的思路、方法和策略积极回应了新课标要求，选取的大量鲜活案例也具有代表性，值得借鉴。

刘继红

2023 年 3 月 20 日

刘继红　正高级教师，硕士研究生导师，成都高新区教育发展中心教育发展部部长。四川省青少年科技教育协会理事，成都市教育改革专业委员会理事，成都高新区教育科研名师工作室导师。主研成果获省、市教学成果奖 3 项，课题成果多次获省、市一等奖。

目　录

第一篇 理论篇

第一章
对化学学科核心素养教学的理解

第一节　化学学科核心素养的内涵和意义

一、关于化学学科核心素养已有研究的概述

（一）我国核心素养提出的时代背景

进入 20 世纪以来，科学技术成为第一生产力，将人类社会推向知识经济时代。随着科技的迅速发展，社会也发生着深刻的变革。与此同时，社会对于人才的需求也随之变化。在新的时代背景下，如何培养适应新的时代特征的人才，回应社会变革，成为教育领域亟待解决的问题。基础教育以其教育对象广泛的性，深刻影响着国民素养，从而对综合国力产生深远的影响，因此，自 20 世纪末期开始，世界各国纷纷掀起了基础教育改革的浪潮。1983 年，美国国家教育优异委员会发表了《国家处在危机之中——教育改革势在必行》，全面而深刻地揭示了当时美国教育的状况，引发了美国历史上第四次教育改革浪潮。1988 年，英国颁布了《1988 年教育改革法》，开启了英国历史上新一轮的教育改革探索。在此轮教育改革中，世界各国（或组织）基于本国国情，纷纷提出了人才培养的核心素养模型。如美国提出了"21 世纪技能"，即在教育过程中发展学生的学习与创新技能，信息、媒体与技术技能，职业和生活技能。欧盟提出了包含母语、外语、数学与科学技术素养、信息素养、学习能力、公民与社会素养、创新能力以及艺术素养八个领域的核心素养。

　　1999 年，中共中央、国务院提出"要深化教育改革，全面推进素质教育"，开启了我国历史上第八次基础教育改革。进入 21 世纪，随着"新课改"的推进，德育为先、能力为重、全面发展的教育理念得到普遍认同，符合素质教育和时代要求的课程教材体系不断完善，人才培养模式改革也不断深化，素质教育取得了一定成效。2012 年，在党的十八大报告中，党中央站在新时代党和国家发展全局的高度，提出把"立德树人"作为教育工作的根本任务，明确强调了教育的本质功能和真正价值，开始从国家层面系统思考"为谁培养人""培养什么人""怎样培养人"的问题。2014 年 3 月，教育部以教基二〔2014〕4 号印发了《关于全面深化课程改革落实立德树人根本任务的意见》（下称《意见》），开启了新一轮课程改革的序幕。在着力推进关键领域和主要环节改革部分，《意见》指出，要"研究制订学生发展核心素养体系和学业质量标准"，这是"核心素养"概念在我国国家课程改革的重要文件中首次提出，体现了以人为本，尤其是以学生核心素养发展为本的教育改革思路，意味着党和国家把学生核心素养的培养问题放到了前所未有的高度。2016 年 9 月，教育部委托北京师范大学，联合国内高校近百位专家成立的课题组在北京发布了《中国学生发展核心素养》，核心素养以培养"全面发展的人"为核心，分为文化基础、自主发展、社会参与三个方面，综合表现为人文底蕴、科学精神、学会学习、健康生活、责任担当、实践创新六大素养，具体细化为国家认同等十八个基本要点（详见图 1-1）。

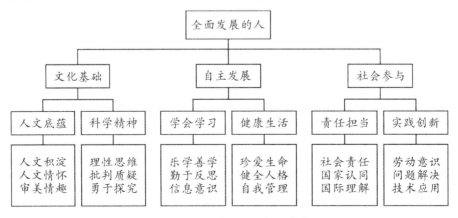

图 1-1　中国学生发展核心素养

中国学生核心素养体系的构建试图从顶层设计上解决两个问题：一是把对学生德智体美劳全面发展总体要求和社会主义核心价值观的有关内容具体化、细化，转化为具体的品格和能力要求，进而贯穿到各学段，融合到各学科，最后体现在学生身上，深入回答"培养什么人""怎样培养人"的问题；二是为衡量学生全面发展状况提供评判依据，引导教育教学评价从单纯考查学生的基本知识和基本技能转向考查学生的综合素质，从而使得学生发展的素养要求更加系统、连贯。党的二十大报告指出，要全面贯彻党的教育方针，落实立德树人根本任务，培养德智体美劳全面发展的社会主义建设者和接班人，而核心素养体系的构建正是全面贯彻党的教育方针的关键环节。

（二）化学学科核心素养的含义和研究综述

我国学生核心素养框架与内涵的确立为我国现阶段教育教学改革指明了方向。与此同时，对以核心素养的培养为价值取向的课程建设的研究也铺展开来，各位专家学者在课程目标的选择、课程内容的选择与整合、学生的活动、课程评价等方面均进行了思考与研究。

《基于核心素养的教育改革实践途径与策略》一文指出：深化基于核心素养的课程教育改革主要体现在课标修订、教师培训、课程实施以及考试评价等方面。《基于学生核心素养的课程体系建构》一文指出：核心素养与课程结合是课改的重要举措，二者的结合需要根据本国教育教学实践现实来进行，课改过程中要依据核心素养作为新的质量评价标准，并对基于核心素养的课标体系内容、结构以及各部分间的关系进行了论述。《以核心素养模型全面深化推进改革》一文从核心素养模型及其内涵、对教学改革的现实意义、推进课改途径三个方面来分析核心素养模型推进改革的意义与途径，指出全面推进课程改革需要明确学科核心素养，细化教学目标，同时要通过推进跨学科、学段内容整合来促进跨学科素养培养，还应制定相应的学业质量评价标准。

由此可见，课程体系的构建是基于核心素养的教育改革的重要体现，而课程标准的重新修订则是课程体系构建的首要环节。2014 年 12 月 8 日，普通中学课程标准修订工作在北京展开，此次修订的一个重要变化是率先在高中课程标准中增加学科核心素养，同时基于核心素养制定出相关质量标准的具体内容，为各学科教学工作开展提供了重要依据。2017 年，教育部印发了高中阶段各学科的课程标准，在我国学生核心素养的整体框架下，各学科根据高中学生的思维发展和心理特征，着眼于各学科本质，从文化基础、自主发展、社会参与三个维度对本学科的核心素养进行了具体界定。

在《普通高中化学课程标准（2017 年版 2020 年修订）》中，基于化学学科本质，对普通高中化学学科核心素养进行了阐释，明确了学生在完成普通高中化学学科课程学习后应达成的正确价值观、必备品质和关键能力。高中化学学科核心素养内容包括宏观辨识与微观探析、变化观念与平衡思想、证据推理与模型认知、实验探究与创新意识、科学态度与社会责任五个方面，（详见表1-1）。

表 1-1　普通高中化学学科核心素养

项目	内容
素养 1 宏观辨识与微观探析	能从不同层次认识物质的多样性，并对物质进行分类；能从元素和原子、分子水平认识物质的组成、结构、性质和变化，形成"结构决定性质"的观念；能从宏观和微观相结合的视角分析与解决实际问题
素养 2 变化观念与平衡思想	能认识物质是运动和变化的，知道化学变化需要一定的条件，并遵循一定规律；认识化学变化的本质是有新物质生成，并伴有能量的转化；认识化学变化有一定限度、速率，是可以调控的；能多角度、动态地分析化学变化，运用化学反应原理解决简单的实际问题
素养 3 证据推理与模型认知	具有证据意识，能基于证据对物质组成、结构及其变化提出可能的假设，通过分析推理加以证实或证伪；建立观点、结论和证据之间的逻辑关系；知道可以通过分析、推理等方法认识研究对象的本质特征、构成要素及其相互关系，建立认知模型，并能运用模型解释化学现象，揭示现象的本质和规律
素养 4 科学探究与创新意识	认识科学探究是进行科学解释和发现、创造和应用的科学实践活动；能发现和提出有探究价值的问题；能从问题和假设出发，依据探究目的，设计探究方案，运用化学实验、调查等方法进行实验探究；勤于实践，善于合作，敢于质疑，勇于创新

项目	内容
素养5 科学态度与社会责任	具有安全意识和严谨求实的科学态度，具有探索未知、崇尚真理的意识；深刻认识化学对创造更多物质财富和精神财富，满足人民日益增长的美好生活需要的重大贡献；具有节约资源、保护环境的可持续发展意识，从自身做起，形成简约适度、绿色低碳的生活方式；能对与化学有关的社会热点问题作出正确的价值判断，能参与有关化学问题的社会实践活动

　　2001年，教育部颁布了《全日制义务教育化学课程标准（实验稿）》，首次提出以发展学生的科学素养为宗旨，确立知识与技能、过程与方法、情感态度价值观三维目标。《义务教育化学课程标准》（2011年版）在继承2001年版课标的基础上，反映了时代和教育发展的新趋势，更新了学习情境素材，提出了超越具体性知识建构核心观念的教学理念。《义务教育化学课程标准》制定并实施二十余年，引领我国基础化学教育课程改革，新的课程理念深入人心。随着时代的发展、国际国内形势的变化，我国义务教育化学课程面临着新时代的新要求和新挑战。2019年，教育部面向新时代基础教育高质量发展的要求，进行顶层设计和整体规划，启动了新一轮义务教育课程方案和课程标准的修订工作。2022年，教育部印发了《义务教育化学课程标准》，指出"要整体规划素养立意的课程目标，构建大概念统领的化学课程内容体系，开展素养导向的化学教学"，强调了核心素养在化学教学中的核心地位。《义务教育化学课程标准》明确了义务教育阶段化学课程要培养的核心素养主要包括化学观念、科学思维、科学探究与实践、科学态度与责任（详见表1-2）。

表1-2　义务教育阶段化学学科核心素养

项目	内容
素养1 化学观念	物质由元素组成；物质具有多样性，可以分为不同类别；物质由分子、原子构成；物质结构决定性质，性质决定用途；化学变化有新物质生成，其本质是原子重新组合，且伴随着能量变化，并遵循一定规律；在一定条件下通过化学反应可以实现物质转化
素养2 科学思维	在解决化学问题中所运用的比较、分类、分析、综合、归纳等科学方法基于实验事实进行证据推理、构建模型并推测物质及其变化的思维能力，在解决与化学相关的真实问题中形成的质疑能力、批判能力和创新意识

续表

项目	内容
素养3 科学探究与实践	以实验为主的科学探究能力；通过网络查询等技术手段获取和加工信息的自主学习能力；运用简单的技术与工程方法设计、制作与使用相关模型和作品的能力；参与社会调查实践、提出解决实际问题初步方案的能力；与他人分工合作、沟通交流、合作解决问题的能力等
素养4 科学态度与责任	培养对物质世界的好奇心、想象力与探究欲，保持对化学学习和科学探究的浓厚兴趣；对化学学科促进人类文明和社会可持续发展的重要价值有积极的认识；具有严谨求实的科学态度，敢于提出并坚持自己的见解，勇于修正或放弃错误观点，反对伪科学的科学精神；遵循科学伦理和法律法规，具有运用化学知识对生活及社会实际问题作出判断和决策的意识；形成节约资源、保护环境的习惯，树立生态文明的理念；热爱祖国，增强为实现中华民族伟大复兴和推动社会进步而勤奋学习的责任感

从化学学科的本质出发，从科学精神、学习方法、态度责任等维度阐释了通过化学学科学习可以实现的必备品质和关键能力，反映了在义务教育及普通高中阶段化学课程的教育价值与育人功能。在核心素养的框架下，化学核心素养对于个体核心素养的培养具有特殊的教育价值，让学生通过化学学习能够形成从化学视角认识问题、解决问题的意识。同时，对于化学学科课程而言，化学学科核心素养确定后便成了《义务教育化学课程标准》的"纲"，贯穿于整个《义务教育化学课程标准》中，课程目标的确定、课程内容的选取、学业质量标准的制定以及课程实施的建议等，都是基于化学学科核心素养而进行的。例如，确立了核心素养导向下的课程目标；基于化学学科核心素养选取了课程内容；依据化学学科核心素养水平制定了学业质量水平；提倡"素养为本"的教学策略；提出了以化学学科核心素养为导向的命题框架，等等。

二、初、高中化学学科核心素养的关系

在《义务教育化学课程标准》中，课程性质指出，"义务教育化学课程作为一门自然科学课程，具有基础性和实践性，对落实立德树人根本任务、促进学生德智体美劳全面发展具有重要价值。义务教育化学课程有利于激发学生对物质世界的好奇心，形成物质及其变化等基本化学观念，发展学科思维、

创新精神与实践能力，养成科学态度和社会责任，为学生的终身发展奠定基础"。在《普通高中化学课程标准》中，课程性质指出，"普通高中化学课程是与义务教育化学或科学课程相衔接的基础教育课程，是落实立德树人根本任务、发展素质教育、弘扬科学精神、提升学生核心素养的重要载体；化学学科核心素养是学生必备的科学素养，是学生终身学习和发展的重要基础；化学课程对于科学文化的传承和高素质人才的培养具有不可替代的作用"。从课程性质的表述来看，不论是高中学段还是初中学段，化学学科的学科性质、研究对象和问题领域都是一样的，但由于初、高中两个学段的学生的思维发展程度不同，课程的育人功能存在一些差异。义务教育阶段强调课程的"基础性"和"实践性"，以及"对物质世界好奇心的激发"，而普通高中阶段更强调"终身学习和发展""科学文化的传承"和"高素质人才的培养"。因此，不同学段的化学学科核心素养的内涵有联系但同时也存在区别。

首先是发展方向和主要内容上具有一致性。在普通高中5个化学学科核心素养中，其中素养1"宏观辨识与微观探析"和素养2"变化观念与平衡思想"属于化学观念的范畴，素养3"证据推理与模型认知"属于科学思维的范畴，即高中阶段的"宏观辨识与微观探析""变化观念与平衡思想"是初中阶段"化学观念"素养的进一步发展，素养3是初中阶段"科学思维"素养的进一步发展。其次是实现路径具有一致性。化学学科核心素养的发展依赖于学科知识以及学科知识的习得过程。化学是一门以实验为基础的学科，在学习方式上重视实践体验，不论是高中的"科学探究与创新意识"还是义务教育阶段的"科学探究与实践"均强调化学学科基本的问题解决方式——实践探究。

虽然两个学段的核心素养在发展方向、主要内容、实现途径上基本保持一致，但也存在细微的区别。首先，义务教育阶段强调"基础性"，即建立基本化学观念、基本思维能力以及基本学科方法，而高中阶段更强调"发展性"，进一步深化学科观念、思维能力、学科方法，为实现学科专业发展打下基础。如在化学观念方面，"物质由元素组成""物质由分子、原子等微观粒子构成""物质在一定条件下可以相互转化"等均属于基本的化学观念。在义务教育阶段，侧重于建立认识物质世界的化学视角，即能够从这些角度去认识物质世界，而高中阶段在这些化学观念中，着重强调认识物质的宏微观视角、认识物质变化的物质视角与能量视角等，是对这些基本观念的进一步深入。其次，义务教育阶段强调"实践性"，而在高中阶段更强调"创新性"。在义务教育阶段，学生第一次接触化学，对化学实验、科学探究还非常地陌生，该阶段的首要任务是帮助学生树立实践意识，熟悉科学探究的基本方法，掌握基本实验技能。在高中阶段，学生对于科学探究的基本过程已经比较熟悉，发展"创新"意识与能力也就具备了可能性和必要性。

总之，义务教育阶段学科核心素养与普通高中阶段学科核心素养既紧密联系又各有侧重，义务教育阶段核心素养是普通高中阶段核心素养的基础，而普通高中阶段核心素养是义务教育阶段学科核心素养的进一步发展。这就要求我们在教学过程中，要基于义务教育阶段与普通高中阶段学生发展化学学科核心素养的一致性，统筹课程内容与学科核心素养的对应与衔接，保持教学目标、教学方法等的延续性。同时，要关注不同学段学科核心素养的差异性，统筹课程内容与学科核心素养发展的阶段性，注重教学目标、教学方法等的进阶性。

三、化学学科核心素养与化学学科能力解读

当前，中国教育正迈向核心素养时代，而在此之前，我们经历了"双基"时代以及"三维目标"时代。"双基"指基础知识与基本技能；"三维目标"指知识与技能、过程与方法、情感态度价值观，"双基"和"三维目标"均强调学科知识和能力，而在核心素养时代，知识与能力隐而不显。那么，学科知识、学科能力与学科核心素养之间存在什么样的联系呢？在"核心素养"时代，学科知识和学科能力究竟处于什么样的位置呢？

课程标准中将化学学科定义为"化学是研究物质的组成、结构、性质、转化及应用的一门基础学科"。因此化学知识应当是前人在对物质的组成、结构、性质转化及应用的研究时所获得的结论以及发现的规律，学科能力则是对物质进行研究的过程中所需要的思维能力及实践能力。学科核心素养则是基于学科知识的学习过程，运用学科基本的思维方法与问题解决方法，全面提升文化基础、自主发展、社会参与的多维度素养，最终实现人的全面发展。以核心素养为中心的教育，摆脱了"物"的领域，进入了"人"的范畴。知

识不再是教育的目的，而是教育的工具，不是教育的终点，而是教育的起点。学科核心素养是基于人的全面发展的需要对学科知识、学科能力以及情感态度的有机整合，学科核心素养的实现依赖于学科知识的学习以及学科能力的提升。以发展"变化观念"这一素养为例（详见表1-3），在初中阶段与高中阶段分别有不同的知识内容去实现，同时，在知识的学习过程中需要运用一系列思维和实践，在习得知识的过程中学科能力进一步提升，并最终建立"变化观念"这一素养，形成运用化学知识认识物质世界的独特视角。

表1-3 知识—能力—素养关系

项目	义务教育阶段	普通高中阶段
学科知识	物质的变化与转化 化学反应及质量守恒定律 化学反应的价值及合理调控	化学反应的限度和快慢 化学反应与能量变化
学科能力	实验探究 运用比较、分类、分析、综合、归纳等科学方法基于实验事实进行证据推理、构建模型并推测物质及其变化的思维能力	实验探究 运用比较、分类、分析、综合、归纳等科学方法基于实验事实进行证据推理、构建模型并推测物质及其变化的思维能力
核心素养	变化观念	

第二节 化学学科核心素养落地的基本逻辑

一、化学学科核心素养下的目标设计

化学学科核心素养是化学课程育人功能和价值的高度凝练，而化学教学是落实化学课程目标的基本途径，因此，化学学科核心素养的实现依赖于化学教学的过程。在教学全过程中，教学目标是教学的出发点和归宿，是教师对学生达到的学习成果或最终行为的明确阐述，一切教学活动都围绕教学目标来进行和展开。教学目标支配整个教学实践活动，对每一个教学行为都具有导向功能和评价功能。在整个教学过程当中，教学目标不仅是教师教学的指南，同时也是学生学习的指南。在教学过程中要保证核心素养的落实落地，

首先应当从科学设计基于学科核心素养的教学目标开始。2001 年，我国颁布《基础教育课程改革纲要（试行）》，提出从"知识与技能""过程与方法""情感态度与价值观"三个维度构建化学新课程目标体系，实现了从"双基"到"三维目标"的转变。2017 年，教育部发布的《普通高中化学课程标准》中提出化学核心素养理念，明确其理念及内涵，教学目标从"三维目标"走向核心素养。自 2001 年以来，一线教师对"三维目标"已经非常熟悉，但对基于核心素养的教学目标的设计还在探索中。要实现从"三维目标"到核心素养目标的平稳过渡、渐进改良，首先要厘清三维目标与核心素养的关系。正确认识"三维目标"与核心素养的关系才能让我们在设计基于核心素养的化学教学目标时能够有根可循、有据可依。

（一）从"三维目标"到核心素养

2001 年启动的新课程改革的一个基本标志就是从"双基"走向"三维目标"。"三维目标"是由知识与技能、过程与方法、情感态度与价值观三个维度来界定教学目标，相较于"双基"目标，其中既有量的变化，也有质的变化。"量变"是指从"一维"到"三维"，而"质变"就是强调学生的发展是三维的整合结果。"三维目标"的概念在课程标准中表达得十分清晰，"知识与技能目标"表达的涵义与原来所说的"双基"目标类似，"过程与方法""情感、态度及价值观"是对学生提出的新要求，这三个维度的融合在一起就是对学生的基本要求，其表述呈现出明显的形式化和模式化的特点。"三维目标"主要是对学科某教学内容三个维度特性的描述，它关注的更多是对学科内容的要求。

核心素养是对"三维目标"的提炼与整合，它重在对学生关键能力、必备品格和价值观念的综合描述。与"三维目标"相比较，核心素养体现出明显的综合性，更注重人的发展。李艺在《教育研究》上发文，对学科核心素养进行了阐释，指出学科核心素养的内涵可以从三个层次上来把握，最底层以"双基"为核心，即学科核心的基础知识和基本技能处于最基础、最基本的层次；中间层是"以问题解决为核心"，也就是以解决学科相关问题过程中所获得的基本方法为核心；最上层是"以学科思维为核心"，这一层次需要经过系统的、进阶的学习，通过对每种素养中相关基础知识建构过程的体验，逐步形成相对稳定的思考问题、解决问题的思维方法和价值观念，其实质就是能够得到以学科视角认识世界和改造世界的世界观和方法论。对于核心素养而言，知识不再是通过记忆获得的浅表性的、散点式的"客观真理"或"固定事实"，而是探究的对象和使用的资源，学科知识只有结构化，联系真实的、多样化的、生活化的情境转化和提升为学科观念，并且在此过程中形成学科思维和科学的态度，才具有迁移应用的价值，才能转化为解决问题的能力，进而转化为素养。"三维目标"的知识与技能对应于化学学科核心素养来说不仅仅是化学知识，更是化学学科特有的认识物质的视角和特有的学科观念，它是一种关键能力。综上，化学"三维目标"与化学学科核心素养之间存在的联系如图1-2所示。这体现了教育从"为了知识的教育"到"通过知识获得教育"的一个转向，知识是教育活动中促进学生发展的一种文化资源和精神养料。

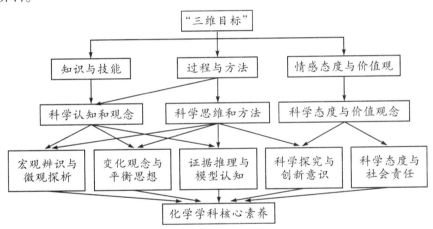

图1-2 化学"三维目标"与化学学科核心素养的对应关系

"三维目标"是对学生素养的立体评价，即便学生发展核心素养和学科核心素养的落实成为普遍趋势，"三维目标"对于教师制定和执行教学目标依然具有非常重要的指导作用和参考价值。不能否定"三维目标"的价值，因为核心素养是在继承、整合和发展"三维目标"的基础上提出来的。二者都强调促进学生全面发展，而核心素养开始把落脚点变成了"人"，核心素养更能揭示学科特有的育人功能与价值，是化学这个学科留给学生的能影响其一生的思维品质与能力，是从教书向育人转变的体现，是学科教育对人的真正回归。化学学科核心素养既是化学对学生发展核心素养的独特贡献和作用，又是化学学科的独特教育价值在学生身上的体现和落实。化学学科核心素养是化学本质观及其教育价值观的反映。通过厘清"三维目标"与化学学科核心素养之间的关系，我们可以确定化学对人的发展的价值和意义，使化学教育真正回归到服务于人的发展方向和轨道上来。只有这样，才能抓住化学教育的根本，正确引领化学教育改革，全面发挥化学学科的育人功能。

（二）化学核心素养教学目标设定的依据和基本思路

姜建文在《基于核心素养的化学教学目标设计策略》中指出教学目标的设计要以课程目标、教材和教学情境为基础，并提出结合教材内容，提炼基于核心素养制订教学目标的策略，分别有：基于"三维目标"升华的策略、基于双向细目表的策略和基于教学板块与学习任务的策略。

学生核心素养的发展不是仅仅通过一节课或者某一个知识点的学习就能够实现的，而是必须要通过一个循序渐进的过程。此外，核心素养重视课程内容的结构化，重视内容主题之间多学科、跨学科之间的联系，以拓宽视野，开阔思路，使学生通过课程学习能够综合运用所学知识去分析解决问题。为适应课程标准的这些变化，教师应能够整体把握和规划教学内容，要能够进行单元整体教学设计，再由单元整体教学设计进一步转化为更为具体的课时教学设计。教学目标的设计亦是如此。那么如何将课程目标转化为单元教学目标，再由单元教学目标进一步转化为具体可实施的课时教学目标是值得我们探讨的问题。教学目标设计是教师根据课程目标、课程标准中的内容要求，对教材的深度分析，以及学生学情实际和学校教学条件完成的一项工作，所设计的目标表达了教师对学生学习结果的一种预设和期待，即教学目标的设计要以课程目标、教材和教学情境为基础。化学课程目标、单元目标与课时目标的相互关系详见图1-3。

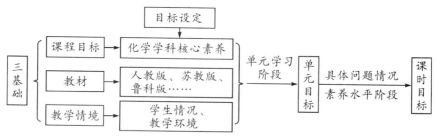

图1-3 化学课程目标、单元目标与课时目标的相互关系

在整合课程目标、教材、教学情况的基础上，可以采用以下策略对教学目标进行设计。

1. 基于"三维目标"升华的策略

结合图1-2的化学"三维目标"与化学核心素养目标的对应关系，厘清知识体系，思考运用什么教学方法促进学生理解概念，如何进一步提升学科核心素养。依据"三维目标"设计的教学目标，将学科知识与学科思维方法融合，结合教学情境，将其转化为素养化的教学目标。例如，"物质的量及其单位——摩尔"教学目标详见图1-4。

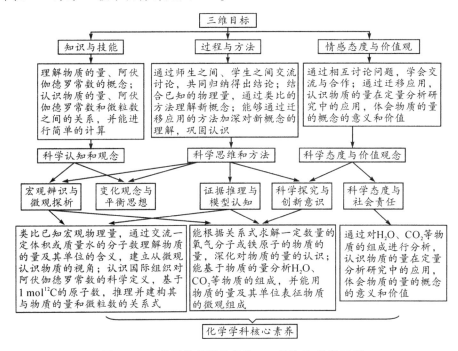

图1-4 "物质的量及其单位——摩尔"教学目标

2. 基于双向细目表的策略

双向细目表常用作考试命题的工具。双向细目表具有直观性的特点。同样，借助双向细目表也可以帮助教师直观地明确教学内容和教学内容所对应的学科素养及水平。借助双向细目表这一工具来进行教学目标的设计具有很强的实操性。以"物质的量浓度"教学目标设定为例，详见表1-4。

表1-4 "物质的量浓度"教学目标水平层级双向细目表

教学内容	化学学科核心素养水平					教学目标
	素养1	素养2	素养3	素养4	素养5	
1. 设计实验配制一定物质的量浓度的溶液	–	–	–	3	–	1. 设计实验配制一定物质的量浓度的 NaCl 溶液,类比溶质的质量分数,结合实验配制溶液的过程讨论溶液组成的表示方法,建立"物质的量浓度"的概念
2. 基于实验讨论溶液组成的表示方法	–	–	–	2	–	2. 通过归纳准确配制 NaCl 溶液实验操作流程,交流点评实验过程,掌握定量实验探究的一般方法,形成严谨求实的科学态度
3. 归纳准确配制溶液实验的操作流程和注意事项	–	–	2	–	1	3. 能够应用物质的量浓度解读血液检验单的数据,通过交流废水中硫酸溶液总量的测定方案,认识溶质的物质的量、溶液的体积和溶质的物质的量浓度之间的关系,能应用其关系式分析锌与稀盐酸反应的物质变化,体会"物质的量浓度"在生活、生产中的应用
4. 溶质的物质的量、溶液的体积和溶质的物质的量浓度之间的关系	–	–	2	–	–	
5. 分析溶液的组成和化学反应中物质的变化	3	2	–	–	3	

3. 基于教学板块与学习任务的策略。

郑长龙提出素养化的教学设计应该是基于教学板块和学习任务的教学设计,即将一节课按一定的教学逻辑分为若干个教学板块,对每个教学板块以及板块间的连接进行素养功能定位,规划学习任务,确定教学目标。教学逻辑则是依据教学内容的特点、学科素养的内涵及水平、化学课程标准的内容要求及学业要求，并结合考虑学生实际而确定。基于板块任务设计的一般流程详见图1-5。

图1-5 基于板块与任务的素养化教学目标设计流程

例如，"摩尔质量和气体摩尔体积"（鲁科版）通过对学生已有基础、教学内容的特点和课标中的相关学业要求的综合考虑，将板块设计的教学逻辑定位为：收集证据—分析推理—建构模型—应用模型。四个板块呈递进式逻辑关系，分别着重发展学生的证据推理思想、科学探究能力和在真实而复杂的情境中解决问题的能力。"摩尔质量和气体摩尔体积"板块与任务设计详见图1-6。

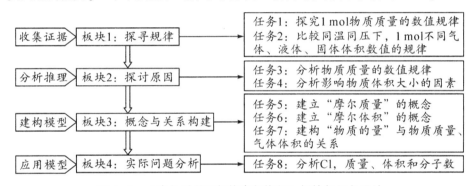

图1-6 "摩尔质量和气体摩尔体积"板块与任务设计

二、大概念是化学核心素养与化学知识的整合

在课程理论中，较早对概念进行系统探讨的是埃里克森。她对"大概念"的界定是：大概念是指居于学科中心，具有超越课堂之外的持久价值和迁移价值的关键性概念、原理或方法。这些大概念具有广阔的解释空间，源于学科中的各种概念、理论、原理和解释体系，为领域的发展提供了深入的视角，还为学科之间提供了联系。孔子的"一以贯之"，《吕氏春秋》的"一引其纲，万目皆张"也是大概念思想的体现。威金斯和麦格泰认为大概念是学科中那些关键的思想或看法，并作为"凝结核心"联结了知识点，使得课程更加聚焦连贯。通过对大概念的内涵及特征属性的阐述，我们发现大概念因其

特有的本质性、统摄性以及迁移性，能够很好地将知识内容联结起来，具有重要的教学意义。其一，有助于知识结构的重组与完善。化学大概念将零散、琐碎的化学知识通过横向联结而构建成知识网络。以深刻和简约为特征的大概念知识层级结构有助于学生将知识结构化，而知识结构化是发展学生核心素养的锚点和关键。其二，提升认识问题的深度和广度。同一大概念统摄的不同教学内容，其本质相同，所以不同教学内容之间可以相互铺垫和诠释，这样既提升认识问题的深度和广度，又同时丰富了大概念的内涵。其三，提升应用迁移能力。化学大概念具有极其广泛的迁移价值，不仅能够迁移至学科内情境和学科间情境，以打通学科内和学科间的学习路径，而且还能够迁移至学校外新的情境，以打通学校教育与外部世界的路径。

我国教育部发布的《普通高中化学课程标准（2017 年版）》和《义务教育化学课程标准（2022 年版）》强调要形成以学科大概念为核心的结构化课程内容，以促进学科核心素养的落实。如何提炼大概念，如何以大概念为统领来把握知识间的本质联系，并基于学生认识发展的渐进性来开展单元教学，这对教师来说是富有挑战性的问题。大概念的选取和应用主要包括两个方面的内容：一是学科大概念的提取凝结，二是学科大概念的教学模式。其中大概念的提取凝结包括以下两种方式，这两种并不是各自独立的，而是相辅相成的。

（一）学科大概念的提取凝结

1. 标准演绎

学科课程标准或者内容标准是各个国家指导课程与教学的基本依据，是教师开展日常教学活动的指导性文本。许多课程标准或者内容标准中陈述或者暗示了学科大概念，例如以重要概念、关键概念、重要原则等出现的陈述语句，反复出现的关键名词、形容词和动词等，学科教育者需要认真解析标准，将具体的、大量的、零散的知识内容聚焦在大概念的框架之中，倾向于演绎的方式。

2. 归纳生成

并不是所有的学科课程标准或内容标准中都会陈述或者暗示大概念，教育者看到的往往仅仅是一堆未经加工或者部分加工的、散落堆砌的概念零部件，学科大概念体系尚未形成。学科大概念不同于学科知识可以直接拿来使用，反而更像是一种引导性工具，教育者可以通过不断地反思与归纳进行学科大概念的提取、细化和调整，具体方法可分为概念列表法与问题回溯法。所谓概念列表法，是指围绕主题内容在概念列表中寻找提示性大概念，进一步抽象出外延和内涵相符的大概念。概念列表可以是一组相关概念，也可以是一组相关且有提示性的概念词组，也有可能是一组相关的陈述语句等，教师可从中提取出大概念。所谓问题回溯法是指围绕主题内容进行不断地发问，提出多个相关的挖掘性、渗透性问题，根据问题的回答进行大概念的发现与提取。例如为什么要研究，研究内容是什么，故事的寓意是什么，如何在更大的环境中应用这个规则，研究的意义是什么，等等。问题回溯法能够全面梳理与主题内容相关的细小问题，深入探寻问题答案之间的相关关系，最终归纳整理出学科大概念。

《普通高中化学课程标准（2017 年版）》明确指出高中化学必修课程须突出化学基本观念（大概念）的统领作用，选取"化学科学与实验探究""常见的无机物及其应用""物质结构基础与反应规律""简单的有机物及其应用""化学与社会发展"五个主题，每个主题下的内容要求可视为高中化学核心概念，例如"原子结构与元素周期律""化学键""化学反应的限度与快慢"等。尽管新课标强调大概念的作用，但其并未提出具体的大概念类别。温·哈伦认为选择大概念的标准应该包括以下几点：第一，能够解决学生在学校期间与毕业以后的问题；第二，为参与决策的问题提供科学知识的基础；第三，能够对人们提出的有关自身或自然的问题作出回答；第四，具有文化上的意义。

可见对大概念的选择需要从学科本体、学生发展、学科价值层面综合审视。初步确定化学教学中的大概念包括物质微粒（物质的组成）、物质结构、化学变化、化学实验、物质的分类和化学价值等。六个大概念从不同的角度揭示了化学知识的核心内容，教学过程需不断增加对六个大概念的理解。

初中化学的学科大概念可以从化学学科的角度与研究层面切入。如从原子和分子等微观结构对物质性质的影响进行概括，从物质的性质与用途的关系方面进行提炼，从物质的化学变化与物质的质量之间的关系进行归纳等，以体现化学学科特有的思维方式。从学科大概念来俯视具体知识内容建立关联或对接，有利于学生分析和把握具体内容背后更为本质的思想与方法。结合《义务教育化学课程标准（2022年版）》，初中化学的大概念有结构决定物质性质、化学反应中的质量守恒、能量守恒等大概念。例如物质的结构决定性质、性质决定用途这一概念具有抽象性、普遍性的特点，适用的范围较大，我们称之为物质的结构、性质与用途之间关系的大概念。

（二）学科大概念的教学模式

化学大概念将众多琐碎的化学事实和操作程序等学科知识联结为一个整体，可作为理解或探究更复杂概念的关键工具，对促进学生学科核心素养的发展具有重要价值。同时大概念由于其包含内容多，不同内容间具有严密的逻辑关系，大概念的教学也需要"搭台阶"，学生作为大概念学的主体，应以问题驱动学生思考；因此在大概念教学中主要采取以下教学模式。

1. 围绕大概念构建学习进阶途径

由于大概念包含内容较多，一个学科大概念的形成不是一蹴而就的，它需要较长的时间跨度才能实现深刻的认知提升。根据学生的认知发展规律，构建大概念的学习进阶途径，单元目标的总体规划和具体课时的目标进阶，并以此为依据安排有效教学，是大概念教学的有效途径。构建学习进阶的依据，主要是根据布卢姆认知领域的目标分类，学生的认知水平从低到高分为知道、理解、运用、分析、综合、评价六个水平。以认知水平为依据调整教学内容及节奏，从低层次的认知水平过渡到高阶认知水平进行化学大概念的学习，使学生在原有认识的基础上，发展科学的思维方式，逐步形成对物质世界的整体认识。只有这样，才能从以往关注具体知识点的碎片化教学转变为关注学生知识结构化、认识思路结构化的教学，才能真正实现学生思维发展、能力提升与知识学习的协调同步。在教学中，教师要随时关注学生概念发展的现状和问题，判断学生的概念发展水平，沿着概念进阶的途径创设相关情境，设计教学环节，并根据反馈及时调整教学过程。只有立足核心素养，遵循教育教学规律和学生的身心发展规律，学生才能主动地、全面地发展。

2. 围绕大概念用问题引领学生思考和理解

把教学内容或任务转化为引导性问题，用问题驱动学生思维，是促进学生理解知识、发展对大概念认识的主要策略。构建用大概念来联结核心素养的教学设计，形成一条课程目标（包括核心素养、课程标准，以及结合学情设定的课程目标）—大概念—核心问题—驱动性问题—学习活动的技术路线（详见图1-7）。

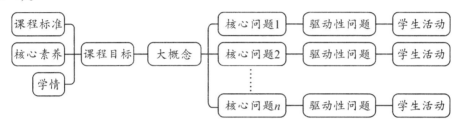

图 1-7　基于问题驱动的大概念教学路线

根据课程标准提取凝结了大概念之后，就要进一步挖掘它所指向的主要问题，依据主要问题提出相互关联的驱动性问题。以连续的驱动性问题的解决，达到主要问题的解决，进而达到大概念的学习要求，最终达到核心素养的培养目的。以各个驱动性问题为导向设置问题式、探究性学习活动，大小问题链所组织的单元课程设计能够使学生学习的核心概念与知识具有更大的应用与迁移价值，使大概念真正拥有"用武之地"。

为落实学生化学学科核心素养的培养，从以往的单课时教学转变为以化学学科核心素养为导向的大概念单元教学，需要教师牢牢把握化学课程标准与教材内容，重视教学目标的全面性和教学内容的系统性，时刻聚焦学科本质，从更大范围进行分析和思考，这对教师来说是一个富有挑战性的课题，值得大家深入学习。

三、基于化学学科核心素养发展的课堂教学设计

（一）基于化学学科核心素养发展的课堂教学设计基本原则

课程目标的变化是化学课程标准内容修订的主要变化之一。修订版课程标准的课程目标框架源于化学学科核心素养，从学科层面较深刻地反映了知识与技能（宏观辨识与微观探析、变化观念与平衡思想）、过程与方法领域

（宏观辨识与微观探析、证据推理与模型认知、科学探究与创新意识）、情感态度与价值观领域（科学态度与社会责任）的学习目标。课程目标由"三维目标"向"素养目标"转变，由知识本位转向素养本位（详见表1-5）。

表1-5　"三维目标"与学科核心素养

目标	"三维目标"	核心素养
转变原因	1. 教师容易将"三维目标"理解为三类目标 2. "三维目标"缺乏对知识整合的关注，知识点间彼此孤立，没有结构化，难以储存和迁移 3. 学生运用知识解决问题时一定是综合运用全面的知识与能力，而"三维目标"下的教学设计，学生的学习缺乏整体认知，不知道为什么学，学了有什么用 4. 碎片化的内容组织造成了深度学习的缺位，影响核心素养的形成	1. 学科核心素养不是知识点的堆砌，而是在什么情境下运用什么知识能做什么事（关键能力），愿意并习惯做正确的事（必备品格），寻求或坚持把事情做到正确（价值观念） 2. 学科核心素养是通过学科学习而形成的，在此过程中，学科内容非常重要 3. 承载学科内容的学科知识点只是素养形成的素材，掌握知识不等同于拥有素养，唯有通过学习的过程，学生才能将知识内化成相关的关键能力、必备品格和价值观念

学科大概念统领主题教学是化学课程标准内容修订的另一个变化。《普通高中化学课程标准（2017年版2020年修订）》明确要求，化学教学要以学科核心素养为导向，以学科大概念统领；要彰显学科知识的核心素养发展功能价值；要基于主题整体设计学习内容、学习途径和学业要求。

基于以上变化，依据大的教学观念和主题，以真实的问题情境作为教学起点，经过系列的探究活动过程解决问题并进行迁移和应用的，指向化学学科核心素养的大单元教学，是知识转化为素养的关键，也是学生化学学科核心素养落地的自然需求。

大单元整体教学设计是以大观念、大项目、大任务、大问题的设计并以此引领学习，转向重视对学生能力、品格与观念培养。单元中蕴含的大概念是学科核心素养和学科知识的桥梁。大单元整体教学设计可以有效整合学科知识，使知识结构化，联系真实情境，促进深度学习。教学设计过程能促进教师教学立场和角色的转变，推动其专业素质发展；学生在单元学习中，由浅入深地掌握学科观念及方法，形成关键的学科思维品质及能力，有利于学生深度学习的发生和学习进阶的发展。

(二) 基于化学学科核心素养发展的课堂教学设计基本思路

基于以上课堂教学设计基本原则,在进行相关理论研究的基础上,结合大量实践,构建了以下大单元教学设计基本思路。

1. 选择真实情境,构建单元教学内容

"新课标"在实施建议中指出:"学生化学学科核心素养的发展是一个自我建构、不断提升的过程,教师要紧紧围绕化学学科核心素养发展的关键环节,引导学生积极开展建构学习、探究学习和问题解决学习,促进学生化学学习方式的转变。"单元活动的设计要积极地创设真实的问题情景,设计建构学习、探究学习和问题解决学习等活动。

化学教学内容的组织应有利于促进学生从化学学科知识学习向化学学科核心素养养成的转化,而内容的结构化则是实现这种转化的关键。内容的结构化主要有以下三种形式:基于知识关联的结构化、基于认识思路的结构化、基于核心观念的结构化。在大单元教学中,为提高学生的化学学科核心素养,我们主要以上述三种结构化来组织单元教学的内容。

2. 梳理课标要求,确立单元教学目标

单元教学目标的设计是保证单元教学有效的关键。单元教学目标应是一个体系,就应该有一个"核"来统摄,初中化学教学强调统整观下的目标设计,那么如何选择这个"核"来统整单元教学是关键,大概念具有"核"的功能。

大概念视角下单元教学目标的制订,在基于学生的学情分析和课程标准的要求基础之上,应以大概念为视角,对单元教学内容进行梳理,确定单元教学目标。

首先,大概念视角下单元教学目标的设计要注重单元教学功能的实现,既要兼顾学科知识的落实还要兼顾学科思维的形成及学科能力的提高。其次,单元教学是整体规划,分课时完成,每个课时都有具体的课时目标,单元整体教学目标课和课时应目标层次分明并且相互依托,单元教学目标的设计要体现系统性和整体性。最后,还要考虑本单元教学目标的预期学习结果和目标达成度,为评价提供参考依据,实现教学评一体化。

3. 挖掘实际问题，揭示学习认识思路

所谓化学认识视角，是指对物质及其变化的特征及规律进行认识的侧面、角度或切入点。它回答的是"从哪儿想"的问题。所谓化学认识思路，是指对物质及其变化的特征及规律进行认识的程序、路径或框架。它要解决的是"怎么想"的问题。大单元教学更有利于培养学生的化学学科认识视角及认识思路。

4. 设计学习任务，发展学科核心素养

以大概念为统领进行单元教学，不再是对具体知识的简单记忆和技能的机械训练，而是设计与学科大概念相呼应、有一定挑战性的"学习任务"和"驱动性问题"。在设计教学活动时以大概念为统领，确定单元的核心任务和核心问题，然后将核心任务和核心问题一步步分解为"学习任务"和"驱动性问题"。学生通过明确的学习活动，循序渐进、由浅入深地掌握知识，并且在掌握知识的过程中发展学科思维，提升分析和解决问题的能力。

5. 制订课时计划，创设探究学习活动

化学学科核心素养的培养是建立在不断的问题思考与探究上的，要基于大单元教学任务开发各种教学活动，在设计教学活动过程中要始终以学生要达到的目标为主旨。同时要考虑在整体的大单元设计下，适应真实课堂教学，拆分成几个课时的教学活动。基于真实情境创设的大单元教学设计更加有助于学生学习之后的迁移与应用，在真实的情境中创设真实的探究性任务，学生在基于任务的真实情境中可以培养分析问题与解决问题的能力，逐渐形成应对事物变化的关键能力。

6. 选择合适的评价方式，实现教学评一体化

单元教学评价既要考虑评价内容也要考虑评价手段。大概念的意义在于"能提供理解知识、研究和解决问题的视角或成为知识学习与能力提升的关键工具，可运用于新的情境，具有持久的迁移应用价值"。课标中积极倡导教学评一体化，各课时之间呈现出连贯性、系统性和递进性的特点，才能体现基于核心素养的教学评一体化的理念。

基于以上课堂教学设计思路，梳理课程教学设计思路流程图如图1-8。

图1-8　课程教学设计思路流程

（三）基于化学学科核心素养发展的课堂教学设计框架

基于大概念统领大单元教学的视角构建了学科大概念统领下的单元教学设计流程（详见图1-9）。

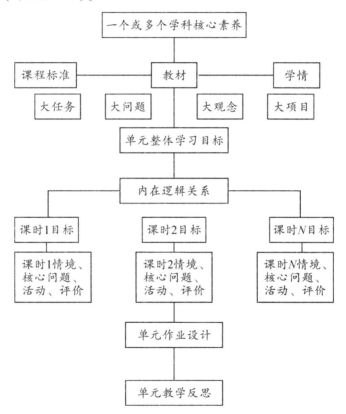

图1-9　学科大概念统领下的单元教学设计流程

以下将以人教版选择性必修二第三章"晶体结构与性质"为例对单元教学设计的每个环节进行阐述。

1. 教学素材分析

基于一个或多个核心素养，在对课标、教材、学情进行分析的基础上，确定统领本单元的大任务、大概念、大观念或大项目，并对单元进行整体规划（详见表1-6）。

表1-6 "晶体结构与性质"单元整体规划

教材内容	核心素养	内在逻辑	大观念统领	核心概念
第三章 晶体结构与性质 第一节 物质的聚集状态与晶体常识 第二节 分子晶体与共价晶体 第三节 金属晶体与离子晶体 第四节 配合物与超分子整理与提升 实验活动简单配合物的形成	宏观辨识微观探析 证据推理模型认知科学精神社会责任	以微粒间相互作用为线索，将晶体以及其他聚集状态等不同类型的物质的微观结构串起来，将微粒之间的相互作用和微粒的空间排布两个视角融合在同一个主题中来呈现，使学生能够比较全面地认识物质的结构及结构对物质性质的影响	化学是研究从原子、分子、超分子、生物大分子等各种不同尺度和复杂程度的聚集态的合成和反应、分离和分析、结构和形态、物理性能和生物活性及规律和应用的科学。根据以上概念，本章内容以"结构决定性质"观念统领，反映人类认识物质的不同尺度	主题2：微粒间的相互作用与物质的性质 2.1 微粒间的相互作用 2.4 晶体和聚集状态 主题3：研究物质结构的方法与价值 3.2 研究物质结构的方法 3.3 研究物质结构的价值

2. 单元目标确定

单元目标设计的关键有三个方面：一是单元知识目标设计，即寻找学生日常概念与科学概念之间的差距，对基本概念不断追问，以及在追问中触及方法和态度。二是单元方法目标设计，即是对基本概念的方法论的思考，寻找学生已有思维方法与基本概念背后的科学思维方法的差别，以及将学生思维方法的发展过程显性化。三是单元态度目标设计，即对基本概念和方法论背后态度的思考，寻找学生已有态度与概念和方法背后的科学态度的差别，以及将学生态度的发展过程显性化。据此，将本单元的教学目标确定如下（详见表1-7）。

表 1-7 "晶体结构与性质"单元教学目标

设计意图	单元目标	课时	课时目标
1. 通过认识分子晶体、共价晶体、离子晶体、金属晶体的典型晶胞模型的结构特点，能够从物质的微粒种类、微粒间相互作用、微粒聚集程度三个维度对物质聚集装填进行三维有机的解释，构建研究晶体结构与性质的基本思维模型 2. 知道当前普遍存在的晶体是介于典型晶体之间的过渡晶体和混合型晶体，并能利用研究晶体结构和性质的基本思维模型（微粒种类、微粒间相互作用、微粒聚集状态三个维度解释物质性质）来解决真实情境中的陌生晶体问题	1. 知道晶体具有规则几何外形，说出晶体与非晶体的区别 2. 了解晶体微观粒子规则排列，能进行晶胞的简单计算 3. 判断四类常见晶体的构成微粒、微粒间作用力。知道微粒间作用力对物质的某些物理性质（熔沸点、硬度等）有影响 4. 能识别常见晶体的结构模型，了解金属晶体、离子晶体、分子晶体、共价晶体的晶胞模型特点，建立晶胞知识网络模型 5. 能根据陌生晶体宏观性质数据（证据）推测所属晶体类别，构建"结构决定性质"的学习思维模型 6. 了解晶体学热点研究领域，构建化学学科价值观	1	1.1 能说出包含"固、液、气"在内的更多的物质聚集状态 1.2 通过观察天然晶体的外形，知道晶体与非晶体的区别 1.3 通过实验能了解制备晶体的一般途径
		2	2.1 知道晶胞堆积的特点，能够对常见的晶胞模型进行简单计算 2.2 通过 X 射线衍射实验了解晶体内部微粒的规则性排列，能从微观角度解释晶体具有规则几何外形的原因
		3	3.1 知道分子晶体的结构特点，能借助分子晶体模型说明分子晶体中的粒子及粒子间的相互作用，能进行简单的晶胞计算 3.2 能够从分子间作用力的角度来解释分子晶体的物理性质（熔点、硬度等）的差异
		4	4.1 了解共价晶体概念，认识典型共价晶体（金刚石晶体、二氧化硅晶体、碳化硅晶体等）的结构特点，能进行简单的晶胞计算 4.2 能够运用结构模型解释共价晶体的性质 4.3 通过对共价晶体、分子晶体结构与性质的分析，进一步理解微粒种类、微粒间相互作用、微粒的聚集程度对解释物质性质的重要性，进一步完善研究晶体结构决定性质的思维模型

基于学科核心素养的
中学化学数字化实验教学实践

设计意图	单元目标	课时	课时目标
1. 通过认识分子晶体、共价晶体、离子晶体、金属晶体的典型晶胞模型的结构特点，能够从物质的微粒种类、微粒间相互作用、微粒聚集程度三个维度对物质聚集装填进行三维有机的解释，构建研究晶体结构与性质的基本思维模型 2. 知道当前普遍存在的晶体是介于典型晶体之间的过渡晶体和混合型晶体，并能利用研究晶体结构和性质的基本思维模型（微粒种类、微粒间相互作用、微粒聚集状态三个维度解释物质性质）来解决真实情境中的陌生晶体问题	1. 知道晶体具有规则几何外形，说出晶体与非晶体的区别 2. 了解晶体微观粒子规则排列，能从微观角度解释晶体的宏观外形 3. 判断四类常见晶体的构成微粒、微粒间作用力。知道微粒间作用力对物质的某些物理性质（熔沸点、硬度等）有影响 4. 能识别常见晶体的结构模型，了解金属晶体、离子晶体、分子晶体、共价晶体的晶胞模型特点，建立晶胞知识网络模型 5. 能根据陌生晶体宏观性质数据（证据）推测所属晶体类别，构建"结构决定性质"的学习思维模型 6. 了解晶体学热点研究领域，构建化学学科价值观	5	5.1 知道金属晶体的结构特点，能借助金属晶体模型说明金属晶体中的粒子及其粒子间的相互作用，能从微观的视角来解释金属晶体的导电性、导热性、延展性 5.2 知道离子晶体的特点，能以氯化钠和氯化铯为例解释典型离子化合物的某些性质，并能举例说明不同离子晶体的熔点差异
		6	6.1 理解晶体结构的复杂性，知道当前普遍存在的晶体是介于典型晶体之间的过渡晶体及混合型晶体 6.2 比较四类典型晶体的构成粒子、粒子间的相互作用与性质的关系
		7	7.1 知道配位键的特点，认识简单的配位化合物的成键特征，能举例说明某些配位化合物的典型性质、存在与应用 7.2 认识配位键与共价键、离子键的异同，能运用配位键解释某些沉淀溶解、颜色变化等实验现象
		8	8.1 了解从原子、分子、超分子等不同尺度认识物质结构的意义，能举例说明超分子的特征 8.2 能够对陌生晶体的晶胞结构进行微观分析，并从微粒种类、微粒间相互作用、微粒的聚集程度三个维度来预判晶体的类型，从而预测物质的性质，从而将研究晶体结构和性质的思维模型应用于解决真实情境中的陌生晶体问题

3. 教学活动设计

围绕单元整体目标和课时目标，选择合适的单元整体情境，以"情境—课时—问题—活动—素养—评价"为主线，有机整合重点和难点，基于学生的认知规律及学科逻辑，进行教学评一体化的教学活动整体规划设计。本单元教学活动设计如图1-10。

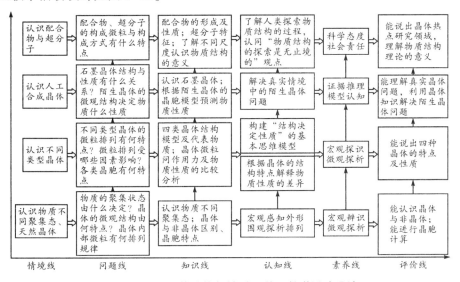

图 1-10 "晶体结构与性质"单元教学活动设计

4. 单元作业设计

根据本单元的教学目标及评价目标，对本单元的作业进行设计，详见表1-8。

表 1-8 "晶体结构与性质"单元作业设计

设计意图	作业内容
知识点涵盖晶的结构特点、简单晶胞计算、四类典型晶胞模型的结构特点和性质差异，旨在帮助学生、引导学生从物质的微粒种类、微粒间相互作用、微粒聚集程度三个维度对物质聚集状态进行三维有机的解释，并能利用研究晶体结构和性质的基本思维模型来解决真实情境中的陌生晶体问题。通过作业更好地发现学生学习问题，调整学习目标和内容	8份课时作业+1份单元评价作业 课时作业以晶体学的发展为线索，从认识天然晶体、认识不同类型的晶体、认识人工合成的晶体三个情境出发，围绕晶体的结构、晶体的简单计算、四类典型晶胞（分子晶体、共价晶体、离子晶体、金属晶体）模型的结构特点和性质差异、配合物的形成等核心知识设计习题，促使学生逐步构建研究晶体结构与性质的基本思维模型，并将其应用于解决真实情境中的陌生晶体问题。单元作业作为对本单元的核心知识、关键能力以及逻辑思维能力的综合检测

参考文献

[1] 王秀珍. 基础教育课程改革与教师教育改革协同发展研究——以美国 20 世纪末教育改革为例 [D]. 天津：天津师范大学, 2010.

[2] 张华. 论核心素养的内涵 [J]. 全球教育展望, 2016, 45 (4)：10-24.

[3] 赵敏. 基于化学学科核心素养的高中化学教学设计与实践 [D]. 重庆：重庆师范大学, 2018.

[4] 丁小婷. 基于专家型教师视角的化学学科核心素养研究 [D]. 南京：南京师范大学, 2017.

[5] 施久铭. 核心素养：为了培养"全面发展的人" [J]. 人民教育, 2014 (10)：13-15.

[6] 辛涛, 姜宇, 刘霞, 等. 基于核心素养的教育改革实践途径与策略 [J]. 中国教育学刊, 2016 (6)：29-32, 73.

[7] 辛涛, 姜宇, 王烨辉. 基于学生核心素养的课程体系建构 [J]. 北京师范大学学报（社会科学版）, 2014 (1)：5-11.

[8] 姜宇, 辛涛. 以核心素养模型推进课程全面深化改革 [J]. 中国德育, 2016 (1)：26-28.

[9] 促进基础化学教育高质量发展——义务教育化学课程标准（2022 年版）解读 [J]. 基础教育课程, 2022 (10)：53-60.

[10] 李俊. 化学学科核心素养探析 [J]. 教育理论与实践, 2019, 39 (11)：55-57.

[11] 余文森. 从三维目标走向核心素养 [J]. 华东师范大学学报（教育科学版）2016, 34 (1)：11-13.

[12] 魏宏聚. 新课程三维目标在实践中遭遇的尴尬与归因———兼对三维目标关系的再解读 [J]. 中国教育学刊, 2011 (5)：36-39.

[13] 姜建文, 王丽珊. 基于核心素养的化学教学目标设计策略 [J]. 化学教育（中英文）, 2020, 41 (5)：37-44.

[14] Erickson H L. Stirring the Head, heart, and soul：redefining curriculum and instruction [M]. New York：Corwin Press：1995, 221.

[15] Wiggins G, Mctighe J, Alexandria V. Understanding by design [M]. New York：Association for Supervision &Curriculum Development, 2005：66-78.

[16] 李刚, 吕立杰. 落实学科核心素养：围绕学科大概念的课程转化设计 [J]. 教育发展研究, 2020, 40 (Z2)：86-93.

[17] 温·哈伦. 以大概念理念进行科学教育 [M]. 韦钰, 译. 北京: 科学普及出版社, 2016: 1, 15, 16.

[18] 教育部基础教育课程教材专家工作委员会. 义务教育化学课程标准（2011 年版）解读 [M]. 北京: 高等教育出版社, 2012: 138-142.

[19] 戴明元. 化学大单元设计的实践与思考 [J]. 陕西教育, 2022: 50-52.

[20] 何彩霞. 化学学科核心素养导向的大概念单元教学探讨 [J]. 化学教学, 2019 (11): 44-48.

[21] 张素娟, 刘一明. 基于大概念的高中地理单元整合设计——以"宇宙中的地球与地球运动"单元为例 [J]. 地理教学, 2020 (16): 4-8.

[22] 江合佩, 王春, 潘红. 核心素养下的化学单元整体教学设计 [M]. 福建教育出版社, 2021: 30-60.

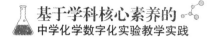

第二章

中学化学数字化
实验教学的内涵和意义

第一节 中学化学数字化实验发展概述

一、关于中学化学数字化实验发展的综述

（一）数字化实验的定义

数字化实验（digital information system，DIS）是利用传感器、数据采集器和计算机及相关软件进行的实验，又被称为手持技术、掌上实验等。作为一种现代化新型实验技术手段，它不仅能够定量采集数据，还能将结果以图表的形式清晰、明确地呈现出来。

（二）数字化实验的发展历史

1. 数字化实验在国外的发展历史

数字化实验最早起源于美国。1986 年，美国仪器公司生产的 Lab View 产品使计算机开始成为仪器分析的核心平台，通过传感器采集数据、计算机分析和处理数据的"虚拟仪器"开始成为成长最快的仪器类别。而依托当时刚在美国教育界流行起来的个人电脑，PASCO、Vernier 等美国教学仪器公司开发出了能够采集、传输实验数据的传感器和接口装置，以及能够显示实验数据变化过程并能够进行数据分析的软件，使得实验教学系统逐渐形成。随着计算机等移动终端的发展以及各种软件的开发和应用，数字化设备越来越成熟，其应用也丰富起来。

最早将数字化实验应用于实验教学的是美国学者 Robert Tinker。他在 1978 年进行 "萘的冷却曲线实验" 时，引入温度传感器测定实验的温度变化，在实验过程中学生可以直接观察到温度的变化曲线，引发了学生关于实验数据的更多思考。这样突破性的教学方式在当时也引起了极大的关注。在 1983 年，Sparks 将手持技术实验进行大胆的改革与创新，并基于手持技术实验对在课堂教学中存在的问题进行探索分析，积极地推动了手持技术在课堂教学方面的研究与应用。在各个学科中，数学是最早利用数字化实验仪器进行教学的学科，物理紧随其后，直到 1999 年初，数字化实验才开始在化学学科的教学中登场。继美国之后，日本、芬兰等国家也逐步展开了与数字化实验教学相关的研究。

2. 数字化实验在我国的发展历史

我国数字化实验的相关研究始于 20 世纪末，最初出现在我国香港、台湾地区，2000 年后北京、上海、深圳等开始研究和使用。2003 年，华南师范大学的钱扬义教授开始相关研究，并将其称为 "手持技术" 和 "掌上实验室" 等。在之后的 20 年间，数字化实验在我国快速发展起来。

一方面，其发展得益于信息化技术的发展和基础教育课程改革的推进。

2003 年，《普通高中物理课程标准》中提出将信息技术应用于实验，并且提出了关于 "传感器" 的具体学习要求。同年，钱扬义教授在国内率先引入了数字化实验。在 2004 年，上海市教育委员会发布的《上海市中学化学课程标准（试行稿）》中提出要引入数字化实验应用于化学教学之中。在 2006 年教育部发布的《中小学理科实验室装备规范》中将 "计算机数据采集系统" 列入了实验教学仪器的装备标准中。《义务教育化学课程标准（2011 年版）》课程目标中指出应以提高学生的科学素养为主旨，而《普通高中化学课程标准（2017 年版）》和《义务教育化学课程标准（2022 年版）》进一步明确了要培养学生的化学学科素养。教育部一系列政策的发布，突出了信息技术在当今时代的重要作用，也体现了数字化实验在教学中的重要作用。

另一方面，其发展受益于教育界同仁对其实际应用的重视和推动。

硬件建设方面：首个中学化学数字化实验室于 2004 年 1 月在天津市第一中学建成。这个中学化学数字化实验室是该校与教育部教学仪器研究所共同研究建立的。在这之后，陆陆续续地出现了越来越多的数字化实验室，如南京市金陵中学建立的化学数字化实验室，学生能在其中开展"中和滴定"等数字化实验；内蒙古包头市固阳县第一中学，还有合肥市和马鞍山市的部分普通高中均配备了数字化实验室等。

专著出版方面：最早有关数字化实验的两本专著是由华南师范大学的钱扬义教授所著的《手持技术在理科实验中的应用研究》和《手持技术在研究性学习中的应用及其心理学基础》，分别在 2003 年和 2006 年出版。北京师范大学的王磊教授在 2007 年出版的《传感技术——化学实验探究手册》中对传感技术在中学化学实验中的应用开展了系统的研究。

教材编写方面：自数字化实验提出以来，相关实验案例便逐步被编入教材。2005 年人民教育出版社出版的选修 6《实验化学》中编入了"利用数字化实验研究酸碱中和滴定过程中溶液 pH 的变化曲线"的内容，而人教版新教材《化学》必修第一册第二章也出现了数字化实验分析氯水成分的图片等。

论文发表方面：笔者以"数字化实验"为关键词在中国知网（CNKI）进行检索，共有 2 443 条检索结果，其分布见表 2-1。就学术期刊而言，2002-2022 年间发表的成果数量见表 2-2。不难发现，数字化实验的研究成果在稳步增加，这种好的局面一方面归功于数字化实验仪器厂商加大了宣传力度以及与各校的合作力度；另一方面得益于地区经济的发展，增加了对教育的经费投入。但最重要的还是数字化实验对于教育教学的重要作用得到了大家的一致认可。

表 2-1　检索结果形式分布

形式	学术期刊	学位论文	会议	报纸	成果
结果	883	229	64	6	13

表 2-2 2002—2022 年学术期刊相关论文数量统计表

年份	2002	2003	2004	2005	2006	2007	2008
数目	3	7	11	11	18	25	25
年份	2009	2010	2011	2012	2013	2014	2015
数目	29	51	46	35	61	55	52
年份	2016	2017	2018	2019	2020	2021	2022
数目	46	58	73	66	80	52	61

（三）数字化实验的研究现状

1. 国外研究现状

纵观国外近 10 年关于数字化实验的相关研究，其主要研究方向如下：①对传统实验的改进。例如 Nobuyoshi Koga 等人通过热化学方法确定了中和反应过程的焓变、吉布斯自由能和熵变等；②开展新颖、深入的研究性学习。如 Michael 等人利用 pH 传感器和电导率传感器对氨水中氨的存在形式进行了探究，让学生通过自主的探究活动认识到氨水中大量存在的不是 NH_4^+ 和 OH^-，而是 $NH_3 \cdot H_2O$；③开展生活化、综合化的科学研究。2014 年，Daphna Mandler 等人为高中生开发了一个关于饮用水质量的系列实验探究，通过化学学习让学生真正感受到化学学科与生活的紧密联系，培养了学生的社会责任感。整体而言，国外数字化实验教学的研究开展更早、程度更深、普及更广。

2. 国内研究现状

在中国知网上以"数字化实验"或"手持技术"为关键词进行检索，有 2 155 条检索结果；再以"数字化实验"或"手持技术"加"化学"为关键词进行检索，有 723 条检索结果，若以"数字化实验"或"手持技术"加"化学教学"为关键词进行检索，有 211 条检索结果，再对这 211 条检索结果进行综合分析，可以发现在 2010 年以前，相关研究仅有 15 条检索结果。由此可见，从 2010 年开始至今是我国化学数字化实验的快速发展期，相关研究成果颇丰。比如：2010 年，乐建吉围绕"数字化实验引入初中科学教学的可行性和有效性问题"进行探讨；2016 年，天津师范大学的张弓开展了教育实验研究，研究证明运用现代教育技术将现代化的教育资源手段对传统教学的改良和优化，不仅可以开阔学生的视野，还可以帮助学生加深对知识点的理解，为研究型实验教学提供了必要的条件，促进中学化学实验教学的现代化步伐；在曾永裕发表的相关研究文章中，他分析了数字化实验教学的优势与弊端，进而从融合传统实验教学、引导学生自主探究、科学设计数字化实验等几个角度提出了数字化实验教学策略；在王晶发表的文章中，他以《教育信息化2.0行动计划》为背景，结合化学课程标准的相关内容，阐述了数字化实验的教学功能，论述了数字化实验与中学化学教学的有效融合，在增进学生理解知识、提升探究水平、拓展认识领域及促进观念形成等方面具有重要作用。

在以上关键词的基础上，添加"实践研究、应用"作为关键词，能够检索到的结果只有69条，其中学位论文23条，学术期刊43条，会议论文3条。这些检索结果反映出目前化学数字化实验教学和实践相关的研究还比较少，尤其是一线教师对数字化实验教学的研究仍是比较迟滞的，实际应用也并不丰富，所以开发出可供一线教师参考的数字化实验教学课例非常必要。

二、中学化学数字化实验的价值

实验是化学学习的基础，也是学习化学的工具，其重要性是不言而喻的。传统化学实验因其操作简单、现象明显、耗时较短的显著优点成为广大一线教师重要的教学工具，在学生学习化学的过程中发挥着巨大的作用。但随着对化学学科研究的深入，对学生的数据处理能力、图像分析能力提出了更高的要求，就这一层面而言，传统实验已不再能满足相应的学习需求。而数字化实验能将化学实验中不能通过视觉感官直接观察到的实验现象直观化、曲线化、数字化，并以数图的形式呈现出来，充分体现了数形结合的思想，弥补了传统实验的不足，在发展学生的化学核心素养方面显现出极大的优势。

第二节 中学化学数字化实验研究现状分析

一、以区域为研究对象的调查报告（以成都高新区为例）

本问卷（调查问卷见附录）希望通过对区域内数字化实验在化学教学中的应用现状进行调查，了解学生对数字化实验的认识程度，以及教师使用数字化实验进行教学的实际情况，明确在真实课堂中化学数字化实验教学的已有基础以及现阶段还存在的问题，以期为广大一线教师使用数字化实验进行教学提供更有针对性、建设性和可行性的意见和方法。

（一）《基于学科核心素养的中学化学数字化实验教学实践研究》的调查（学生版）

【调查目的】

调查了解区域内课堂化学数字化实验的实施情况，以及不同学段学生对数字化实验的认知和接受程度，掌握学生对数字化实验的真实体会，分析在化学课堂使用数字化实验进行教学的可行性，以便为基于数字化实验的核心素养培养提供事实依据。

【调查对象】

本次调查对象覆盖成都高新区九年级到高三的学生。调查通过问卷星开展，参与本次调查的学生人数为 825 人，其中初、高中学生各占 50% 左右。

【问卷编制及设计意图】

本问卷设计覆盖三大主题内容：学生层面数字化实验的认识和实施情况，课堂实验的开展形式，学生对数字化实验及其在教学中作用的评价。

【问卷数据处理与分析】

1. 区域内课堂实验的开展形式以及数字化实验应用情况

根据问卷第 2 题和第 4 题结果可知，课堂实验呈现形式多样化（图 2-1），虽然传统实验和数字化实验都有开展，但在课堂上教师使用数字化实验进行教学的次数仍然较少（图 2-2），数字化实验在课堂教学中的体现不够深入。

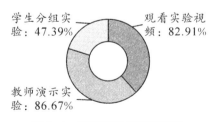

图 2-1　课堂实验呈现的形势

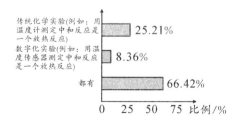

图 2-2　教师在课堂中采取的化学实验方式

2. 学生对数字数化实验及其在教学中作用的评价

由问卷第 3 题和第 9 题调查结果可以看出，学生认为在化学教学中运用数字化技术开展实验探究，有现象明显、数据直观、新颖有趣和科学严谨等优点（图2-3），同时还可以提高学习成绩、开阔视野、提升自身素养和培养科学精神（图2-4），这与培养学生化学学科核心素养的思想高度契合。

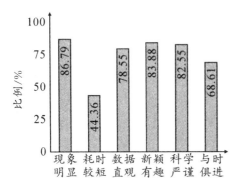

图2-3　数字化技术开展实验探究的优点　　图2-4　数字化技术开展实验探究的作用

3. 学生对数字化实验认识和了解的途径

分析问卷第6题和第7题，结果如图2-5和图2-6，约25%的学生对于数字化实验有所了解，其来源主要是日常的习题考试和教师的课堂展示，但约54%的学生对于数字化实验只有些许了解，说明数字化实验有一定的学生基础，但缺乏深入认识，并且如图2-7所示，学生希望在日常课堂中多接触和学习数字化实验，甚至是希望更多地亲身参与到数字化实验的学习中，说明学生对数字化实验持肯定的态度，认为数字化实验渗透课堂实验非常有必要，并且乐于学习新的技术实验手段。调查结果充分体现了在课堂中开展数字化实验教学的可行性。

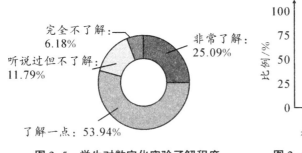

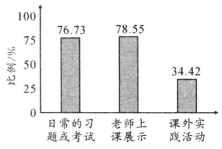

图2-5　学生对数字化实验了解程度　　图2-6　学生对数字化实验了解途径

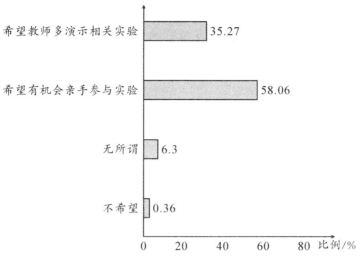

图 2-7 学生对开展数字化实验的态度

（二）《基于学科核心素养的中学化学数字化实验教学实践研究》的调查（教师版）

【调查目的】

调查区域内数字化实验在化学教学中应用的现状，了解区域内中学化学数字化实验室的建设情况，分析不同类别教师对化学数字化实验的了解程度，以及实际使用数字化实验进行教学的情况，以期提出合适的发展建议，进一步推动数字化实验在教学中的应用。

【调查对象】

本次调查对象是成都高新区初、高中一线教师，他们大多数来自于教学一线。调查通过问卷星开展，共收到有效问卷 75 份，调查结果贴合本区中学化学数字化实验教学现状。

【问卷编制及设计意图】

本问卷设计覆盖三大主题内容：当前课堂实验与学生发展需求的契合程度，区域内学校数字化实验教学的应用情况和教师对数字化实验的认识，数字化实验没有全面展开的具体原因。

1. 当前课堂实验与学生发展需求的契合程度

问卷题3和题4调查结果如图2-8和图2-9，在一线教师看来，好的课堂实验应该兼具现象明显、数据直观、新颖有趣和科学严谨等优点，而当前的传统实验还不能满足当前学生学习的发展需求。

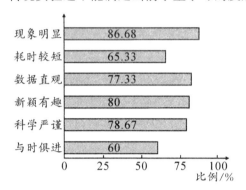

图 2-8　好的课堂应具备的优点

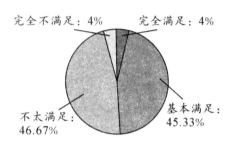

图 2-9　教师对传统实验是否满足学生发展需求的态度

2. 区域内学校数字化实验教学的应用情况和教师对数字化实验的认识

题5和题6分析结果如图2-10和图2-11所示，本区域内教师对数字化实验的了解并不深入，且多为外部输入，比如来源于日常习题、考试，相关的学习讲座及教师展示课，自己主动深入研究的较少，其占比不到一半。总体而言，本区域内教师运用数字化实验技术进行中学化学实验的较少，在教学中的应用研究则更少。由此可见，引入和推广数字化实验，发挥数字化实验在中学化学教学中的优越性确有必要。

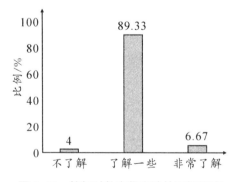

图 2-10　教师对数字化实验的了解程度

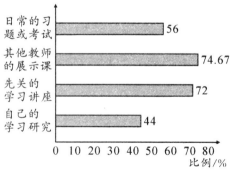

图 2-11　教师对数字化实验的了解途径

3. 数字化实验没有全面展开的具体原因

从题 8 的问卷结果可以发现绝大部分教师都很愿意在课堂使用数字化实验（图 2-12），但从题 9 的问卷结果（图 2-13）也不难看出，将数字化实验真正运用于课堂教学中也受到诸多因素的限制，其中外部因素为主要因素，比如没有实验设备、缺乏技术指导等，这也说明数字化实验要走进课堂需要从硬件和软件方面全方位给予支持。

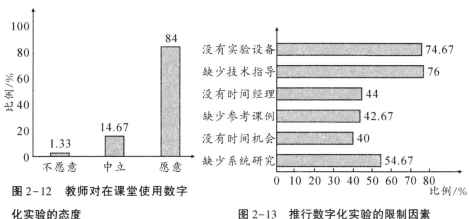

图 2-12 教师对在课堂使用数字化实验的态度

图 2-13 推行数字化实验的限制因素

（三）关于调查报告的建议

目前数字化实验已深入到社会生产和生活的各个领域，在中学化学教育中引入数字化实验教学，一方面可以补齐传统实验工具的短板，使实验的方法更加先进，实验的数据更加准确，实验的步骤更加清晰；另一方面革新了化学实验仪器与方法，拓展了化学实验的内容。同时还可以激发学生学习的兴趣，加强学生对化学学科的感性认识，更有利于学生对化学知识和化学规律的掌握，培养其创新能力。

通过调查分析可知，学生和教师对课堂数字化实验表现出了极大的兴趣和期待，希望更多地亲身参与数字化实验的学习和建设中，这也体现了以学生为主体的教学理念。在化学教学中，运用数字化技术开展实验探究，有利于全方位提升学生的化学核心素养。

二、全国各地学校应用化学数字化实验现状综述

数字化实验在学校的应用落地经历了以下不同的几个阶段。

萌芽阶段：2003 年，钱扬义团队率先研究手持技术数字化实验，当时还被称作"掌上实验室（lab in hand）"。他先是通过掌上实验室探究酒精灯火焰温度，后又发表论文介绍掌上实验室的特点及其功能，让数字化实验进入了大众视野。

成长阶段：数字化传感技术自从 2003 年被引进到化学教学中，在之后接近 10 年的时间，无论是在相关的理论研究方面，还是应用数字化传感技术改进化学实验、促进课堂教学等实践探究方面，都有不少发展。更多教师的研究是利用数字化传感技术对某一化学实验进行改进，进而在教学中应用。

例如，重庆市永川中学数字化手持技术在高中化学教学中的应用。通过利用手持技术对金属的电化学腐蚀实验进行改进和补充，帮助学生正确理解析氢腐蚀与吸氧腐蚀的概念，解决学生的迷思概念问题；利用氧气传感器和压强传感器明确提出金属铁的电化学腐蚀是一个缓慢的氧化过程。

快速成熟阶段：以案例开发为主，核心素养、高阶思维等思维或能力被越来越多地融入数字化实验的研究中来，以及在"多重转化、比较建构"认知模型指导下，利用手持技术进行数字化实验和改进装置。

上海交大附中在中学化学教材中"中和热的测定"实验的基础上进行拓展设计，应用手持技术数字化实验支持下的"盖斯定律"认知，用温度传感器测量三个变化过程的反应热。对教材内容的补充和拓展，为教师进行"盖斯定律"教学实践提供一定参考。

通过对我国数字化实验的整体研究现状分析，发现不同的阶段有不同的发展重心，同时越来越多的中学教师将数字化实验融入相关教学中。要达到提高教学质量的目标，必须寻求数字化实验与基础教育课程的有效整合，探索应用数字化实验的教学策略，实现从"学习实用技术"到"适用技术学习"的转变也是数字化实验进一步应用、发展的方向。

第三节 中学化学数字化实验教学基本主张

一、化学数字化实验教学是以化学数字化实验为载体的教学

化学是一门以实验为基础的学科。实验是化学学科的灵魂，是其不可分割的一部分，而化学数字化实验作为现代科学技术的产物，实现了现代信息技术与化学实验的有机结合，是化学学科发展的强大助力。

化学数字化实验教学便是将数字化实验应用于化学教学中，以数字化实验为载体，将信息技术与化学课堂有效融合，通过化学数字化实验严谨的实验探究过程、强大的数据处理功能，强化对学生学科思维、学科观念的培养，促进学生发展性知识的形成和课堂教学效果的提升。

建构主义理论认为教学不是简单的知识传递，而是知识的处理和转换。教学实验的主要作用便是辅助学生更好地完成这一学习信息加工过程，帮助学生完成对新知识的建构，这就要求教学实验要充分考虑学生的认知特点。维果斯基认为，教师在进行教学时，必须注意到学生有两种发展水平：一种是现有发展水平，另一种是即将达到的发展水平，他把这两种水平之间的差异称为"最近发展区"。"最近发展区"的提出说明了学生发展的可能性，化学数字化实验教学便是聚焦于学生的最近发展区，教师通过巧妙的教学设计，在课堂中引入恰当的化学数字化实验，提供具有一定难度的内容，充分调动学生的学习主动性，激发学生的潜能，帮助学生完成两种发展水平之间的过渡。

化学数字化实验依托于时代发展，是对传统化学实验的进一步创新与延伸。笔者在将人教版九年级化学与人教版高中教材现有化学实验进行整理分析之后，择出了其中适用于进行数字化实验的内容，总结如表2-3。

表 2-3　中学化学数字化实验项目

教材	实验名称	适用传感器
初中阶段		
九年级	探究蜡烛、酒精灯燃烧火焰温度	温度传感器
	对人体吸入的空气和呼出气体的探究	相对湿度传感器、氧气传感器、二氧化碳传感器
	探究空气中氧气的含量	压强传感器、温度传感器、氧气传感器
	探究过氧化氢分解反应速率的影响因素	压强传感器、氧气传感器
	实验室制取二氧化碳反应物的探究	二氧化碳传感器、压强传感器
	探究二氧化碳溶于水，与水反应的过程	pH 传感器、压强传感器、二氧化碳传感器
	探究不同金属与酸反应	压强传感器
	铁制品锈蚀条件的探究	氧气传感器、温度传感器、湿度传感器
	物质溶解时的吸热或放热现象	温度传感器
	探究氢氧化钙溶解度随温度的变化	温度传感器、电导率传感器
	探究浓硫酸的吸水性	湿度传感器
课外拓展	测定带火星木条复燃的氧气浓度	温度传感器、氧气传感器
	不同收集方法收集氧气浓度的差异比较	氧气传感器
	水质检测	电导率传感器、pH 传感器
	探究活性炭的吸附性和明矾的净水效果	色度传感器、浊度传感器
	探究排水法和排空气法收集二氧化碳的纯净程度	二氧化碳传感器
	测定钙片中的钙含量	二氧化碳传感器、压强传感器
	探究暖宝宝发热原理	氧气传感器、温度传感器、压强传感器、湿度传感器
	探究氢氧化钠与二氧化碳反应	二氧化碳传感器、温度传感器、压强传感器、pH 传感器
	探究水、石灰水和氢氧化钠溶液吸收二氧化碳的能力	二氧化碳传感器、压强传感器

教材	实验名称	适用传感器
高中阶段		
必修一	试验物质的导电性	电导率传感器
	探究钠与水的反应	pH 传感器、氧气传感器
	比较碳酸钠与碳酸氢钠的化学性质	pH 传感器、二氧化碳传感器
	验证次氯酸光照分解产物的数字化实验	pH 传感器、氯离子传感器、氧气传感器
	亚铁盐的还原性	氧气传感器
必修二	二氧化氮、氨气溶于水的实验	压强传感器
	测定雨水的 pH	pH 传感器
	化学反应与热能	温度传感器
	影响化学反应速率的因素	氧气传感器、温度传感器、离子浓度传感器
选择性必修一	探究实验——中和反应反应热的测定	温度传感器
	探究实验——定性与定量研究影响化学反应速率的因素	pH 传感器、压强传感器、氧气传感器
	浓度对化学平衡的影响	pH 传感器
	压强对化学平衡的影响	压强传感器
	温度对化学平衡的影响	温度传感器
	实验活动——探究影响化学平衡移动的因素（浓度、温度等）	pH 传感器、温度传感器、压强传感器
	强弱电解质与镁条的反应	电导率传感器、pH 传感器
	盐溶液的性质	pH 传感器
	探究实验——反应条件对氯化铁水解平衡的影响	pH 传感器
	沉淀转化	氯离子传感器
	沉淀溶解平衡的证明	pH 传感器
	强酸强碱中和滴定	pH 传感器、电导率传感器
	电解氯化铜溶液	pH 传感器
	铁钉的吸氧腐蚀和析氢腐蚀	压强和氧气传感器
课外拓展	测定向稀醋酸中加入少量其他试剂过程中体系 pH 随时间的变化	pH 传感器
	测定蒸馏水升温过程中 pH 随温度的变化	温度传感器、pH 传感器

续表

教材	实验名称	适用传感器
	高中阶段	
课外拓展	稀释 pH 相同的盐酸与醋酸溶液，测定过程中体系 pH 随时间的变化	pH 传感器
	电解质和非电解质	电导率传感器
	离子反应	pH 传感器、电导率传感器
	选择氢氧化铁胶体渗析使用的半透膜	电导率传感器
	干燥剂的吸水性	温度传感器
	酸碱指示剂的变色	pH 传感器
	应用数字化实验模拟工业除铁	pH 传感器
	酱油中总酸及氨基酸态氮含量测定	自动电位滴定仪、pH 传感器
	科学使用含氯消毒剂	压强传感器
	分子间作用力	温度传感器
	菠菜中铁元素的检验	色度计、分光光度计
	简易电池的设计与制作	电压传感器、电流传感器
	水体水质检测	钙离子传感器、滴数传感器、溶解氧传感器、氧化还原传感器、硝酸根离子传感器、铵根离子传感器

二、化学数字化实验教学是核心素养导向下的整合性教学

为切实落实学生化学学科核心素养的培养，促进学生的全面发展，需要在教学中提供更具整合性的教学模式，化学数字化实验教学便是核心素养导向下的整合性教学。

内容方面，化学数字化实验整合数字化实验和化学教学内容。王磊教授认为，传统实验不可见的、与变量有关等极复杂的实验更适合采取数字化实验。比如在探究水对弱电解质电离平衡的影响等化学反应原理的教学中，传统实验往往显示出实验证据不足的问题，在此可将数字化实验与弱电解质的电离相整合，利用信息技术突破传统实验的局限性，加大教学中的实验探究性，促进学生对核心概念的结构化认知。

素养方面，化学数字化实验教学整合化学核心素养。化学核心素养是新课程标准下对学生发展提出的新要求，化学数字化实验则是得益于科技发展

的新型教育技术手段,是发展学生化学核心素养的重要载体。将化学数字化实验应用于化学课堂,充分发挥化学数字化实验的优势,积极探索现代信息技术和化学实验的深度融合,对全面整合培养学生的化学核心素养大有裨益。

价值方面,化学数字化实验教学整合可以实现综合育人。教育的根本是立德树人,而化学数字化实验教学正是人、学科、技术的融合。除了可以提升学生的综合能力外,数字化实验还与数学、物理等学科知识紧密相连,同样也能用于物理、生物等学科的科学研究中,实现多学科的融合,为学生的长远发展奠基。化学数字化实验教学,让"技术"真正作用于对"人"的综合培养。

三、化学数字化实验教学是大概念统整下的学科实践

在概念上,学科实践是以知识学习为基础,以复杂学习情境和高阶思维参与为基本特征,指向学科问题解决的多维实践学习活动,由此实现知识理解、知识运用与知识转化的一种学科学习方式,是实现学生知识学习向学科素养转化的基本过程和方式。从意义而言,学科实践是学生学习如何解决真实世界问题的连接器,它通过创设真实的学习情境,引导学生综合运用学科知识、技能与方法,联系生活来解决实际问题,让学科学习在实践中真实地发生。

布鲁纳基于结构主义理论,认为良好的知识结构是由大概念统领的,大概念教学注重基于学科本原性问题引导学生开展探究实践活动,大概念统领下的学科实践,强调真实情境、亲身参与、思维引导、问题解决。

化学数字化实验教学是大概念统领下的学科实践。一方面,化学数字化实验教学通过创设真实情境,引入数字化实验,通过直观化、曲线化、数字化的实验现象,帮助学生理解具有抽象性、概括性、统摄性和广泛迁移价值的学科大概念,典型的比如基于"平衡思想"的学科大概念,设计应用数字化实验来进行"弱电解质的电离与水解"的教学,通过"宏观辨识与微观探析"帮助学生整合弱电解质的结构性知识,建立化学平衡的思维,深入理解化学反应的原理;此处还可以基于"限度"的学科大概念,利用数字化实验来解释"溶解度",引导学生解决"海水晒盐"的生活实际问题。另一方面,

化学数字化实验教学以学生为主体，重视学生的亲身参与和积极实践，通过创设特定的学习情境，让学生通过真实的实践探究过程，基于自身经验背景建构新知识。在教学实践中可利用具有科技感的数字化实验抓住学生的注意力，增强学生的参与感，再通过引导学生对实验数据进行加工处理、分析解释，完成对原有经验的改造和重组，完成对新信息的建构。化学数字化实验教学不仅有益于对学生化学思维的养成，让学生具备解决生活中化学问题的能力和素养，更是对综合能力的强化，能全面提升学生解决科学问题的能力，让学生通过学习过程真正实现与真实世界的交互、融合。

参考文献

［1］孟小龙. 数字化实验在中学化学科学探究教学案例中的开发和应用研究［D］. 合肥：合肥师范学院，2017.

［2］冯容士，李鼎. 中国数字化实验十五年发展综述［J］. 物理教学探讨，2018，36（3）：10-12.

［3］Tinker R. A history of probeware：2000［EB/OL］. ［2016-01-04］. https：//concord. or g/wp-content/uploads/2016/12/pdf/probeware_ history. pdf.

［4］Liew C W, Treagust D F. The effectiveness of predict-observe-explain tasks in diagnosing students' understanding of science and in identifying their levels of achievement. ［J］. Academic Achievement，1998（4）：22.

［5］National research council national science education standards［M］. Washington，DC：National Academy Press，1996.

［6］钱扬义，陈健斌，吴宗志，等. 在掌上实验室探究酒精灯火焰温度——得出不同的结论［J］. 化学教育，2003（1）：21，39-41.

［7］中华人民共和国教育部. 普通高中物理课程标准［M］. 北京：人民教育出版社，2003：64.

［8］上海市教委. 上海市中学化学课程标准（试行稿）［M］. 上海：上海教育出版社，2004：63.

［9］中华人民共和国教育部. JY/T 0385-2006，中小学理科实验室装备规范［S］. 北京：标准出版社，2006：8.

［10］中华人民共和国教育部. 义务教育化学课程标准（2011 年版）［M］. 北京：北京师范大学出版社，2011：6.

［11］中华人民共和国教育部. 普通高中化学课程标准［M］. 北京：人民教育出版社，2018：2.

［12］中华人民共和国教育部. 义务教育化学课程标准（2022 年版）［M］. 北京：北京师范大学出版社，2022：4.

［13］裴传友，马善恒，杨芹. 中学化学数字化实验的发展与应用［J］. 化学教学，2020（2）：56-60.

［14］Koga N，Shigedomi K，Kimura T，et al. Neutralization and acid dissociation of hydrogen carbonate ion：a thermochemical approach［J］. Journal of Chemical Education，2013，90（5）：637-641.

［15］Sanger M J，Danner M. Aqueous ammonia or ammonium hydroxide？Identifying a base as strong or weak［J］. Journal of Chemical Education. 2010，87（11）：1213-1216.

［16］Smith K C，Edionwe E，Michel B. Conductimetric titrations：a predict-observe-explain activity for general chemistry［J］. Journal of Chemical Education. 2010，87（11）：1217-1221.

［17］乐建吉. 数字化实验引入初中科学教学的有效性与可行性问题初探［D］. 上海：上海师范大学，2010.

［18］张弓. 手持技术在初中化学实验教学中的应用研究［D］. 天津：天津师范大学，2016.

［19］曾永裕. 教育信息化背景下的高中化学数字化实验教学［J］. 中学教学参考，2021（29）：68-69.

［20］王晶. 数字化实验与中学化学教学融合的理解与落实［J］. 中小学数字化教学，2022（10）：5-8.

［21］钱扬义，杜永锋，李佳，等. 掌上实验室（lab in hand）的特点及其功能［J］. 电化教育研究，2003（10）：59-62.

［22］孙慧玲，靳莹，霍爱新. 基于手持技术的金属电化学腐蚀实验改进［J］. 化学教学，2014（3）：52-54.

［23］唐敏. 实验探究钢铁的腐蚀［J］. 化学教育，2011（6）：58-59.

［24］叶剑强，毕华林. 国际数字化实验研究的热点、前沿与启示［J］. 现代教育技术，2018，28（2）：19-25.

［25］施佳虹. "最近发展区"对初中生物实验教学的启示［J］. 新课程（下），2013

（2）：101.

[26] 王磊. 数字化实验教学科学素养培养的新途 [EB/OL].

[27] 邓玉华，杜丽君. 数字化实验在化学核心素养"宏观辨识与微观探析"维度的教学应用——以弱电解质的教学为例 [J]. 化学教育（中英文），2019，40（21）：77-81.

[28] 杨峰. 数字化实验教学引发的思考——以《化学反应中热能变化的新观察》说课为例 [J]. 中国现代教育装备，2021（6）：30-32.

[29] 刘艳. 学科实践：作为一种学科学习方式 [J]. 教育研究与实验，2022（1）：57-63.

[30] 曹银娣. 初中化学学科实践活动课程的践行——厨房中的化学 [J]. 数码设计（上），2020，9（1）：226.

[31] 郑长龙. 大概念的内涵解析及大概念教学设计与实施策略 [J]. 化学教育，2022，43（13）：6-12.

第三章

学科核心素养下中学化学
数字化实验教学实施策略

第一节　数字化实验教学指向学科核心素养的研究思路

一、发展学生的宏观辨识与微观探析素养

宏观辨识与微观探析是中学化学的核心素养之一，要求学生能够在学习的过程中形成"宏观""微观""符号"三种表征的化学思维方式，理解化学物质的微观结构，用自己的语言描述物质在一定条件下会发生的化学变化。对于学生来说，微观表征的塑造和三种不同表征的相互转换一直都是主要的学习难点。这是因为微观世界具备一定的抽象性且不可见，学生的思维方式也不能满足对这类知识的高效吸收。而传统的化学实验虽然能够为学生及教师呈现宏观的物质变化，但却无法为学生带来全面的提升。

在现代化的高中化学教学工作中，教师可以借助数字化实验来完善实验过程。以离子反应实验为例，离子的迁移能力可以通过电导率传感器进行检测，H^+浓度可以通过 pH 传感器来进行测定。除此之外，化学数字化实验还可以通过对即时数据的测量和记录，帮助学生更加直观地认识到化学反应的过程，帮助学生建立宏观与微观表征之间的联系，培养学生的宏观辨识与微观探析素养。

二、发展学生的证据推理与模型认知素养

证据推理与模型认知素养也是中学化学核心素养之一，要求学生可以通

过对各类物质及反应的特征寻找充分的证据，能够将证据与结论之间的关系清晰地解释。这一素养对学生解题能力与探究能力的成长有着极大的促进作用。单以对数据的收集举例，传统人工对数据进行记录的方式不仅费时费力，而且很容易产生漏洞，而数字化实验可以准确快捷地对数据进行采集，在降低学生学习难度的同时有效地提升了实验教学的教学效率。

例如，强酸与强碱的中和滴定实验是高中阶段的十分重要的实验，以氢氧化钠与氯化氢反应为例，在实际的实验过程中教师往往通过酸碱指示剂的变色情况判断滴定终点，但学生却无法对实验过程中的数据进行收集。教材中的实验方式是记录所消耗的酸或碱的体积及相应的pH，再通过描点的方式得到滴定曲线。这种方式不仅效率较低，而且也不能让学生直观地观察实验效果。这时教师就可以借助滴数计和pH传感器，将实验数据通过计算机进行同步记录。还可以利用摄像头来录制实验过程，让学生加深对酸碱滴定实验原理的认知。除开以上实验之外，教师还可以通过数字化实验来增强学生的模型认知素养。例如，在教师为学生开展乙烯气体通入高锰酸钾溶液的实验时，教师就可以先连接好装置，然后在充满乙烯气体的容器中加入一定量的酸性高锰酸钾溶液，同时迅速接入二氧化碳传感器，这时就可以通过计算机上的采集软件开始采集实验数据。学生就可以通过观察二氧化碳随时间的变化曲线，发现乙烯被氧化成了二氧化碳。二氧化碳传感器的应用不仅克服了传统实验的局限，还以软件的形式模拟了数学模型，让学生的学习效果进一步提升。

三、发展学生的变化观念与平衡思想素养

物质的化学变化是变与不变的对立统一。物质在一定条件下发生化学变化，即宏观上物质本身发生了改变，微观上原子、离子等组合方式发生了改变，但物质的化学变化从宏观质量、能量以及微观离子、原子数量种类等方面都存在守恒，这是物质及其转化最基本的规律。变化守恒核心素养课程知识系统分布于高中化学课程，即必修课程中的"化学反应的分类""化学反应能量"两个主题，选修课程中的"化学反应原理"模块三个主题课程内容。课程内容的系统性体现着变化守恒核心素养系统性教学的必要性，课程知识

的教学需要在核心素养的层面进行集中的设计与思考。化学反应变化守恒核心素养的构建依赖于学生进行化学反应实验探究，通过实验探究过程认识到化学变化的宏观现象，了解宏观现象与微观本质的联系，理解化学反应的本质。

化学 1 主题 3 常见无机物及其应用离子反应与氧化还原反应的学习。以离子反应概念的理解形成为例，离子反应是酸碱盐在溶液中相互反应的实质，其在溶液中的反应过程是无法被直接观察到的，我们只能观察到宏观的实验现象。由此在教学中首先提供宏观物质反应情境，使学生宏观上认识到物质间的反应，继而从微观的模型中认识物质，从微观反应动态图中认识反应的实质，结合宏观、微观、符号表达式来理解离子反应。例如在氢氧化钡溶液与氯化氢溶液发生反应的过程中，借用数字化实验，通过导电率传感器来测试滴加盐酸前后导电率的实际变化来说明溶液中的 H^+ 和 OH^- 发生了反应，结合成了 H_2O，而 Ba^{2+} 和 Cl^- 并没有发生化学反应。

四、发展学生的科学探究与创新意识素养

科学探究与创新意识是中学化学核心素养之一，处于中心位置，是学生通过化学学科的学习而养成的基本素养。其中，科学探究是指为研究物质的某种性质而进行的一系列操作与步骤；创新意识是创新型人才所必备的素养，指学生能依据各种实验现象和已学知识进行大胆、合理的猜测，经过理论验证，最终得出结论。在课堂教学中，可以针对教学内容提出化学问题，经过思考辨析作出猜想和合理假设，获取和处理信息，并基于证据，经过推理得出结论，作出解释，对科学探究结果和过程进行交流，培养学生评估和反思的能力。

从数字化实验的应用角度分析，王磊教授认为在理科实验中，三类实验比较适合用数字化实验：用常规实验看不到的东西、有关变量的实验和复杂实验，并指出"变量转换"是数字化实验室中重要的实验思想，这三类实验通常在化学选修模块 4 中比较多。大量的研究表明，将数字化实验引入课堂教学对比传统教材实验教学，对于学生的化学学科核心素养的提高有积极影响。例如，化学平衡常数测定实验是在化学反应速率和化学平衡之后的内容，

平衡常数的学习可以解释可逆反应不可以进行到底的原因，让学生更加理解平衡的本质，同时也可以方便理解平衡问题和平衡移动的规律。但学生对于化学反应原理的概念等会出现一些理解上的困难，因为很多时候，对于抽象的概念和原理没有经过实验，学生不容易理解，结果导致学生在学习中会出现部分概念理解不清的现象。通过数字化实验设计，就可以很好地解决这一问题，提高学生的化学实验能力。

五、发展学生的科学态度与社会责任素养

科学态度与社会责任虽然在化学学科核心素养中位于最后的位置，但它却揭示了化学学习的价值追求，是学生的必备品格和关键能力之一，必须受到人们的高度重视。通过分析其内涵，我们可以发现科学态度与社会责任素养强调学生关注与化学有关的社会热点问题，用积极健康的态度作出判断，形成正确的价值观，并致力于用化学科学技术促进社会发展。在化学学习过程中认识到环境保护和资源合理开发的重要性，形成可持续发展意识和绿色化学观念。应用化学的同时兼顾环境及资源的保护，这也是化学研究与运用中必须考虑并遵守的原则。融入核心素养的"绿色化学教育"和"可持续发展教育"的有机统一，是传播"化学无害""友好化学"的重要途径，是化学实验创新发展的育人方向，是使化学学科核心素养——科学态度与社会责任素养有效落地的途径和方式。结合数字化实验的优势，通过尽可能地设计和使用微型化与手持技术设备结合的实验，可以培养学生绿色化学和数字化化学的意识。

例如，人教版第七单元课题2"燃料的合理开发"，有关化学反应中的能量，教师演示实验使用氧化钙与水反应，在演示实验过程中仅靠手触摸试管外壁。这种实验方法仅靠触感，从某种程度上说不具有说服力。如果借助手持技术设备，结合微型化学实验、数据动态，结果清晰可见，具有说服力，并且也有利于强化学生的实验探究与创新意识。此实验设计方案还可以用来做浓硫酸稀释、探究中和反应等实验，既安全又环保。因此，在中学化学实验教学过程中，设计和使用微型化与手持技术设备结合的实验，可以培养学生绿色化学和数字化化学的意识，发展学生的科学态度与社会责任素养。

第二节　学科核心素养下中学化学数字化实验教学模型

一、中学化学数字化实验教学模型构建理论基础

（一）"四重表征"理论

多重表征是化学概念教学的重要方法，能帮助学生通过化学概念的各种表征形式进行有意义的学习。1982 年，苏格兰学者 A. H. Johnstone 首次提出化学三重表征模式，并于 1993 年进行完善。2005 年，我国学者毕华林首次界定了三重表征，即"宏观—微观—符号"的内涵和关系；2009 年，钱扬义教授在三重表征的基础上提出"曲线表征"，即"宏观—微观—符号—曲线"四重表征。

1. 宏观表征

宏观表征指可直接感知到的宏观层面信息的表征。例如物质及其性质、物质变化产生的现象、物质的存在与用途等。

2. 微观表征

微观表征指构成物质的微观层面信息的表征。例如微观粒子的组成与结构、运动及相互作用、反应机理等。

3. 符号表征

符号表征指物质或微粒的组成、结构、性质等符号层面信息的表征。符号表征是宏观和微观信息的高度概括，也是其他三重表征之间的桥梁。例如元素符号、离子符号、电子式、化学方程式等。

4. 曲线表征

曲线表征通常指以数字化手持技术作为技术手段获得的能表示物质变化的物理量与时间的关系的点的集合。例如 pH 曲线、电导率曲线、压强曲线等。

在三重表征的基础上增加曲线表征这一维度，更加切合化学实验的发展需求，体现化学学科核心素养中宏、微观念。钱扬义教授研究团队还提出了

四重表征教学模式，按照"宏观—符号—微观—符号—曲线"的顺序设计认知发展路径，形成 PDEODE 教学策略，即"预测、讨论、解释、观察、讨论、解释"六个环节。此教学策略以教师设置实验问题情境为基础，学生通过预测、讨论、观察、合作、解释等方式，得出实验结论。钱扬义教授团队在实践中通过问卷及访谈调查，发现和传统教学模式相比，四重表征教学模式对学生的问题表征能力、举一反三能力的培养及图像分类观的建构有更好的促进作用。

(二)"建构主义"理论

建构主义是在吸收维果斯基、皮亚杰、布鲁纳等思想以及认知信息加工学说的基础上提出的对知识、学习、学生和教学方面有独特见解的教学思想，包括合作学习、情境性教学等，对当前落实立德树人目标，深化教育教学改革具有深远的意义。

建构主义认为知识是不断发展更新的，教学不能把知识作为真理一般教给学生。教师不可用自己的理解方式来教学生知识，不可用教师的权威去压服学生，学生对知识的接收只能由学生自己来建构完成。那么如何进行建构呢？面对新知识时，学生以自己的经验为背景，构建对新知识的认知、理解、分析、检验和批判。学习任何一门学科时，学生不是知识的被动接受者，而应是信息的积极加工者，在教师的引导下，经历知识的获得、转换、评价三个过程，从而将知识内化。

综上可知，教师不单是知识的呈现者，更不是知识权威的象征，而应该重视学生自己对各种现象的理解，倾听他们的想法，共同分析这些想法的合理性，引导学生丰富或调整自己的理解。在教育改革中，教师应重视自身角色的转变，从传统的传递知识的权威转变为学生学习的辅导者，成为学生学习的高级伙伴或合作者。教师是意义建构的帮助者、促进者，而不是知识的提供者和灌输者。学生是学习信息加工的主体，是意义建构的主动者，而不是知识的被动接收者和被灌输的对象。教育的终极目标是让受教育者具备自我教育的能力，这需要教师教育方式的转变。

(三)"问题解决心理机制"理论

问题解决一直是认知心理学的重要议题。问题解决指个体根据长期经验中获得的知识和能力,通过问题情境提供的线索,获得相应结果而使问题得到解决的思维过程。评判核心素养提高的一个重要标准就是考查学生在陌生情境中找到问题并解决问题的能力,由此可见问题解决能力的重要意义。

化学问题解决是科学问题解决的一个组成部分,是化学学科的重要内容。王磊教授提出化学实验问题解决心理机制包括五个环节:问题表征,问题解析,设计实验方案,实施实验方案,检验、反思与调整。

手持技术数字化实验在问题呈现方式上有了更加直观的优势,有助于学生观察实验结果等,特别是在提升问题解决能力和推动学科核心素养落地方面有不可比拟的作用。学习钱扬义教授团队研究数字化实验问题解决心理机制,对一线教师来说有助于加深对化学实验问题解决的认识,也有助于在组织学生应用数字化实验开展实验探究活动时,教师可以根据不同学生的不同问题来提供合适的指导。

二、中学化学数字化实验课例教学设计模型

(一)中学化学数字化实验教学课例设计基本原则

1. 以学科核心素养为目标

党的十八大提出了"立德树人"的根本任务。2014 年教育部印发《关于全面深化课程改革落实立德树人根本任务的意见》,提出"教育部将组织研究提出各学段学生发展核心素养体系,明确学生应具备的适应终身发展和社会发展需要的必备品格和关键能力"。

在此背景下,《普通高中化学课程标准(2017 年版)》提出,高中化学学科核心素养包括"宏观辨识与微观探析、变化观念与平衡思想、证据推理与模型认知、科学探究与创新意识、科学态度与社会责任"五个方面。作为化学教师,在学科育人方面就是要明确"促进学生全面发展",落实"学科核心素养"这两个目标,更新教育观念,推动"立德树人"根本任务,培养担当民族复兴大任的社会主义建设者和接班人。

2019 年 11 月,教育部出台《关于加强和改进中小学实验教学的意见》,

要求"各地各校要丰富实验教学实施形式，促进传统实验教学与现代新兴科技有机融合，切实增强实验教学的趣味性和吸引力，提高实验教学质量和效果"。数字化实验因其便携、实时、准确、综合、直观等优点，弥补了传统实验的不足，在教学中得到越来越广泛的应用。根据数字化实验的特点，在教学中可以培养学生宏观辨识与微观探析、证据推理与模型认知、变化观念与平衡思想等学科核心素养。

2. 以整体教学观为指导

《如何高效学习》一书讲述了超级学霸斯科特·扬在一年内学完麻省理工大院 33 门课程并通过考试。他总结了整体性学习思维：将知识视为整体，摒弃机械式记忆，将知识与已有知识、生活联系起来，打破知识之间的界限，包含了结构、模型和链接三个要素。结构即知识，模型即知识框架，链接即知识之间的关联。

以选择性必修二《物质结构与性质》第三章为例，图 3-1 清晰地呈现了整体性学习的框架。以这样的整体性学习框架进行学习并建立思维模型，相信学生在解题时就不会只见树木不见森林了。运用整体性学习思维可以帮助学生建立新旧知识的链接、知识的结构模型、结构化思考方式、知识与能力的关系，能够更好地促进学生综合掌握知识，提升运用知识解决问题的能力。

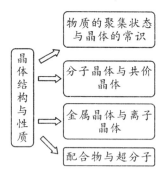

图 3-1　整体性学习框架

整体教学设计则是用整体性思维模式，对具有内在逻辑联系的知识板块进行整体设计，更好地帮助学生运用整体性学习策略，使知识形成网络，提升学生的学习能力，整体地发展学生的知识、技能及情感、态度、价值观。

整体性教学可以通过大概念教学促进不同知识的联系进而形成知识网络。大概念教学强调整合的思维，它有目的地将多个知识、观点和探究方法结合在一起，以形成对中心思想、问题、人物或事件更有力的理解。

（二）中学化学数字化实验教学课例设计模式

教学模式是在一定理论指导下，形成一种相对稳定的教学方式。研究教学模式的目的是通过对各个教学环节和方法的优化和组合，达到高效传授知识，帮助学生最大化地接受知识。

根据研究主题和实践总结，我们将数字化实验在中学教学中的应用进行了总结归纳，提炼出以下教学模式（图3-2）：

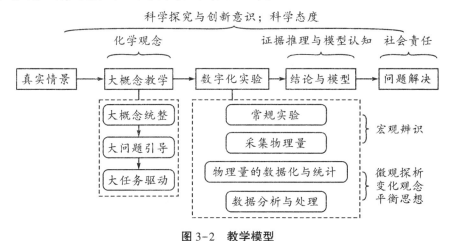

图 3-2 教学模型

在提炼教学模式时，紧紧围绕学科核心素养这一育人目标，创设真实情景，融入化学观念，合理运用数字化实验手段，引导学生参与课堂活动，在活动中发现问题，解决问题，提炼知识和能力模型，形成学科高阶思维。

（三）模型节点与化学核心素养的关系

教学全过程指向"科学探究与创新意识"和"科学态度"。《普通高中化学课程标准（2017年版2020年修订）》中对以上素养的描述：认识科学探究是进行科学解释和发现、创造和应用的科学实践活动；能发现和提出有探究价值的问题；能从问题和假设出发，确定探究目的，设计探究方案，进行实验探究；勤于实践，善于合作，敢于质疑，勇于创新；具有安全意识和严谨求实的科学态度，具有探索未知、崇尚真理的意识。

大概念教学指向化学观念的学习。《普通高中化学课程标准》指出："进一步精选学科内容，重视以大概念为核心，使课程内容结构化，以主题为引领，使课程内容情境化促进学科核心素养的落实。"大概念教学中应以化学核心观念为统领。朱玉军认为，国内对化学核心观念的界定主要是从化学学科的基本特征及其与其他自然科学的区别来考虑的，主要是针对中学化学来界定的，其中包括：①化学学科的研究对象——物质及其转化，由此得出元素观、变（转）化观、能量观等核心观念；②化学学科的研究层次——原子、分子、离子等，由此得出微粒观；③化学学科的研究方法和认识活动——化学家利用实验、分类、定量等研究方法对"物质及其转化"的探索，由此得出实验观、分类观、定量观和科学本质观等核心观念；④化学学科的研究目的——促进人类社会的进步和可持续发展，由此得出 STSE 观念、化学价值观等核心观念。在基于学科核心素养的教学设计中应重视渗透以上学科基本观念。

常规实验、采集物理量指向"宏观辨识"，即能从不同层次认识物质的多样性。物理量的数据化与统计、数据分析与处理指向"微观探析""变化观念与平衡思想"，即从元素和原则、分子水平认识物质的组成、结构、性质和变化形成"结构决定性质"的观念；能从宏观和微观相结合的视角分析与解决实际问题。数字化实验相比于传统实验的优势在于可以利用传感器将微观变化用曲线表征的形式呈现，为微观不可见的反应提供证据。

结论与模型指向"证据推理与模型认知"。新课标中这样要求：具有证据意识，能基于证据对物质组成、结构及其变化提出可能的假设，通过分析推理加以证实或证伪；建立观点、结论和证据之间的逻辑关系。指导学生可以通过分析、推理等方法认识研究对象的本质特征、构成要素及其相互关系，建立认知模型，并能运用模型解释化学现象，揭示现象的本质和规律。围绕情境素材中的核心问题，利用数字化实验进行探究，分析取得的数据，得出合理的结论，形成认知模型。

问题解决指向"社会责任"，即深刻认识化学对创造更多物质财富和精神财富、满足人民日益增长的美好生活需要的重大贡献。培养学生节约资源、保护环境的可持续发展意识，从自身做起，形成简约适度、绿色低碳的生活方式；能对与化学有关的社会热点问题作出正确的价值判断，能参与有关化学问题的社会实践活动。学科育人的途径之一是利用学科知识解决各类实际问题，在问题解决中形成学科能力，培养具有学科精神和学科素养的社会公民。

三、中学化学数字化实验真实案例

手持技术数字化实验在中学化学一线教学中的应用越来越广泛。很多教师在传统实验的基础上巧妙地运用数字化实验技术，更加直观地呈现出实验结果，使学生能够更深刻地认识化学现象的本质。以下课例荣获中国教育学会 2018 年度课堂教学展示与观摩系列活动（高中）现场教学课特等奖。该课例设计符合新课程理念，充分体现了以学科核心素养为目标的课程实施，手持技术数字化实验运用合理，学生在情境中自主发现问题，解决问题，获取知识，体现了建构主义理论。

调控化学反应的金钥匙——催化剂

成都市第二十中学校　王雅敏

【学习目标】

（1）利用 DIS 技术，宏观辨识 $KMnO_4$ 溶液和 $H_2C_2O_4$ 溶液的反应，微观探析催化剂在化学反应中的重要作用。

（2）通过项目学习，进一步探究 H_2O_2 分解催化剂选择的影响因素，初步体验项目学习的过程及研究方法。

（3）以调查研学方式，了解成都水井坊窖泥中酒曲对酒品质的影响；从催化剂的应用角度体验化学对社会发展的重要价值。

【学习重、难点】

（1）催化剂选择的研究方法。

（2）项目式学习的设计、实施及评价。

【学习过程】

［情境创设］同学们在参观酒厂时发现，酿酒过程中需要用到酒曲作催化剂。催化剂是如何影响化学反应的呢？我们通过下面的实验和仪器来进行研究。

[活动元教学设计]

活动元一　实验探究——催化剂对化学反应速率的影响（7 min）

活动形式	活动过程及结果	教师活动	设计意图
分组实验 讨论交流	【实验步骤】 2 mL 0.1 mol/L $H_2C_2O_4$溶液 ⟹振荡⟹观察现象 4 mL 0.01 mol/L 酸性 $KMnO_4$溶液 反应原理： $2\ MnO_4^- + 5\ H_2C_2O_4 + 6\ H^+$ $2\ Mn^{2+} + 10\ CO_2\uparrow + 8\ H_2O$ 【实验记录】 1. ＿＿＿＿＿＿＿ 2. ＿＿＿＿＿＿＿ 【提出问题】＿＿＿＿ 【小组讨论】出现上述现象可能的原因是什么？ 猜想1：＿＿＿＿＿＿ 猜想2：＿＿＿＿＿＿	1. 指导学生利用教材对酸性 $KMnO_4$ 和 $H_2C_2O_4$ 的反应进行分组实验，观察溶液颜色变化及相应时间节点。 2. 组织学生对实验现象进行交流，发现问题"为什么反应速率会由慢变快呢？" 3. 引导学生从影响反应速率因素着手，排除反应物浓度和压强的影响，分析变化原因可能是温度或催化剂	通过学生动手实验，加强学生在实验过程中的实验观察和分析能力，促进学生对特殊现象的质疑能力，提升探究水平
观察实验 记录分析	【实验验证】使用 DIS 数字化实验仪器进行数据采集 二氧化碳传感器 2 mL $MnSO_4$溶液传感器　温度 20 mL 酸性$KMnO_4$溶液 10 mL $H_2C_2O_4$溶液 【实验记录】 宏观现象：＿＿＿＿＿ 数据变化：＿＿＿＿＿ 结论：＿＿＿＿＿＿	1. 利用二氧化碳传感器和温度传感器测定反应中二氧化碳含量和温度随时间的变化曲线。 2. 指导学生对比观察液面气泡的产生，溶液颜色变化及两条曲线变化，分析影响速率变化的原因。 3. 从定量角度排除温度对该反应速率变化的影响，确定是生成的 Mn^{2+} 起了催化作用	通过数字化实验探究，帮助学生明确催化剂能显著影响化学反应速率的意识，同时也为活动元二利用数字化实验判断化学反应速率打下基础。该活动从猜想到验证，帮助学生客观认识定量实验的作用，形成严谨的科学研究态度

【过渡】关于催化剂的研究中，催化剂的选择是个核心问题。我们应该如何进行催化剂的选择呢？

活动元二　项目学习——研究 H_2O_2 分解催化剂的选择（23 min）

活动形式	活动过程及结果	教师活动	设计意图
交流研讨 记录质疑	微项目一：《不同浓度 H_2O_2 分解催化剂的选择》 微项目二：《酸碱性对催化剂催化速率的影响》 【项目汇报】 记录并提出疑问 　　　　汇报记录 微项目一　1.＿＿＿＿　2.＿＿＿＿　3.＿＿＿＿ 微项目二　1.＿＿＿＿　2.＿＿＿＿　3.＿＿＿＿	1. 指导学生开展项目式学习，从项目启动、资料搜集、方案设计、方案评估和实验研究开展课外项目研究。 2. 组织学生在课堂结合教学目标进行项目汇报、答辩及进一步实验研究。 3. 指导学生记录项目汇报主要内容，对项目研究过程和成果提出思考和质疑	以 H_2O_2 分解为例进行项目学习，研究催化剂的选择。通过前期课外资料搜集、方案设计、方案评估、实验研究等，帮助学生进一步扩展对催化剂的认识，培养学生的实验探究能力，以及在探究中合作解决问题的能力
交流讨论	【项目答辩】同学们听取汇报后对项目研究过程及成果进行提问，项目小组同学进行答辩，做好答辩记录。 　　　　汇报记录 微项目一　1.＿＿＿＿　2.＿＿＿＿　3.＿＿＿＿ 微项目二　1.＿＿＿＿　2.＿＿＿＿　3.＿＿＿＿	组织学生开展项目答辩，对学生在答辩中遇到的困难给予帮助和指导	在汇报过程中，通过组织学生进行记录和质疑，培养学生学会倾听、分析项目成果、独立提出问题的能力。通过项目答辩，帮助学生在课堂交流环节对催化剂的选择条件进行更加深入的认识

续表

活动形式	活动过程及结果	教师活动	设计意图
分组实验 交流讨论	【实验论证】小组设计并进行实验：以 H_2O_2 为原料制备并收集一瓶氧气。 备选试剂：MnO_2 粉末、0.1 mol/L $FeCl_3$、1 mol/L NaOH、1 mol/L HCl 表格：双氧水浓度、双氧水体积、催化剂、其他条件、收集时间 【实验结果交流】产生 O_2 最快的催化剂，一定适用于实验室制备吗？ 交流记录：_____	1. 组织学生对项目小组的研究成果进行讨论交流。 2. 指导学生通过设计并进行实验，对项目小组的研究结果进行验证。 3. 组织学生分析实验结果，提出问题"产生 O_2 最快的催化剂，一定适用于实验室制备吗？"并进行讨论	通过课堂实验论证，加强同学们对项目成果的理解和应用。通过对各组实验结果的对比分析讨论，帮助同学们进一步认识到在选择催化剂时，需要根据反应的实际需求进行选择，选择合适的催化剂，才是改变反应速率的有效方式
交流研讨	微项目三：《生物体中过氧化氢酶对 H_2O_2 分解速率的影响》 【项目汇报及记录】 1. _____ 2. _____ 3. _____ 【课堂思考】酶的催化活性与哪些因素有关？ _____	1. 组织学生进行项目汇报，并指导学生做好汇报记录。 2. 与无机催化剂相比，生物酶具有更高的催化活性，酶的活性与哪些因素有关呢	微项目一、微项目二都是在单一体系中进行的研究，为了扩展对催化剂的认识，微项目三进行了《生物体中过氧化氢酶对 H_2O_2 分解速率的影响》的研究，使学生认识到生物酶具有更高的催化活性和更加严格的催化条件

【过渡】水井坊作为川酒的五大金花之一，以"每一杯都是活着的传承"道出了酿酒工艺的精妙之处。让我们跟随学习小组一起走进水井坊，了解催

化剂在酿酒工艺中的重要应用。

活动元三　调查研学——了解催化剂的应用和社会价值（10 min）

活动形式	活动过程及结果	教师活动	设计意图
实地考察 成果分享	项目小组参观水井坊博物馆，了解酿酒过程中催化剂的应用 【项目汇报】 项目小组汇报，同学们倾听，了解家乡酿酒工艺中酒曲的作用	组织项目小组进行项目汇报	通过学生走进水井坊，了解"不同酒曲对酒品质的影响"及"大曲的适宜催化温度"。帮助学生进一步了解催化剂在生活生产中的具体应用
问题延伸 交流讨论	小组讨论： 1. 不同酒曲对酿造出的酒有什么影响？ 2. 如何在保证酒品质的基础上提高产量？ 3. 未来酿造工艺的发展与展望	1. 组织学生开展课堂交流讨论，从催化剂角度对未来酿造工艺做出展望。 2. 利用酿造原理，将微生物发酵与有机合成结合起来，赋予有机合成更加广阔和美好的前景	从学生熟悉的水井坊入手，从化学角度了解催化剂在酿酒工艺中的重要应用。通过该活动帮助学生了解家乡文化，增强对家乡的荣誉感和自豪感
视频播放 课堂小结	观看微课《催化剂的前世今生》，了解催化剂的社会价值。 要点记录： 1. _____ 2. _____ 我的感想： 1. _____ 2. _____	1. 收集和整理催化剂的发展历程、重要应用和发展现状，并制作成微课。 2. 播放微课《催化剂的前世今生》	在微课的观课过程中，帮助学生从化学史的角度了解催化剂的发展，从绿色化学角度认识新型分子筛材料催化剂、三元转换器、石墨烯光催化网在资源节约、环境友好中的突出作用，结合当前"既要金山银山，又要绿水青山"发展理念，激发学生的绿色化学观念，培养其社会责任

[结束语]：为同学们送上一首关于催化剂的小诗，希望你们能喜欢催化剂，爱上学化学。

致催化剂

——王雅敏

你似薛定谔的猫

化学家为你着迷

你似阿里巴巴的咒语

打开反应进程的金钥匙

你是金山银山的点金石

更是绿水青山的转换器

催化剂啊

你是 C919 的发动机

助推我的祖国一日千里

【板书设计】

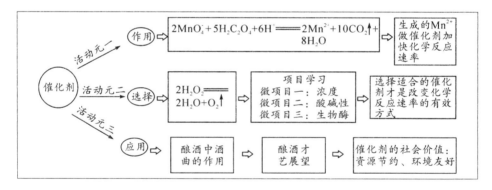

第三节 中学化学数字化实验教学实施策略

一、真实情境创设策略

古代中国也可觅得情境教学的踪迹，如孔子提倡"不愤不启，不悱不发"，让弟子在设定的"愤"和"悱"两种情境中思考和琢磨。近代，情境教学创造人李吉林老师最先详细地阐明了情境教学的方法理论，后来又有大量的研究者参与到与情境教学有关的研究当中，认为有意识的情境创设对学生学习的动力和动机有着积极的意义。

随着社会的进步，为满足更先进的生产需要，提升学生学科核心素养，在教学当中普及数字化实验是大势所趋。好的情境素材也是激发学生积极参与实验学习的重要前提。

数字化实验的情境素材来源和传统实验的素材来源大抵相同，主要有以下几种：

（1）新闻热点。例如，在课例《金属的腐蚀与防护》设计中，利用新闻热点话题"我国每年因钢铁腐蚀带来的经济损失"，通过设问钢铁腐蚀的类型、原理以及保护措施，引导学生学习基础知识，激发其对环境问题和金属资源保护的思考。所涉及的数字化实验是"用压力传感器和氧气传感器测定体系的参数变化"。教材中证明金属发生吸氧腐蚀和析氢腐蚀采用的是气压变化引起 U 形管中液柱变化。实验证明，吸氧腐蚀是普遍存在的，如果析氢腐蚀产生氢气的量不敌消耗氧气的量，那么析氢腐蚀将无法被证明。即便是产生了气压变大的现象，伴随发生的吸氧腐蚀无法被证明，所以氧气传感器和气压传感器的使用才能将微观的变化用数据的方式呈现出来。

（2）日常生活经验。例如，在课例《弱电解质的电离》中选取"洁厕灵的主要成分是盐酸，而不用醋酸"的生活情境，上承电解质概念的复习回顾，下启对电解质电离程度的实验探究。在全面认识电离平衡后，学生可以运用平衡观解释这一生活问题。最后设置"H_2CO_3/$NaHCO_3$ 缓冲对维持血浆酸碱平衡"的情境，既诊断了学生对化学平衡模型的认识进阶（微粒观与平衡观），又为下一课时认识多元弱酸分步电离作铺垫。

（3）真实的实验情境。在课例《化学反应速率》中，以学生熟悉的"锌粒与硫酸溶液的反应"为载体，引导学生尝试从不同的角度去测得化学反应速率，并对学生的选择给出适当的评价并提供技术支持。在实施该实验的过程中，出现了如下几个问题：①整套装置属于封闭体系，硫酸难以滴入，且加入的硫酸的体积会影响气体体积；②该装置在常压下气密性良好，当容器内气体增多则装置气密性变差；③实验进行的过程中，注射器活塞摩擦力大，导致活塞在瓶内压强增大到一定程度才开始移动，不同注射器活塞摩擦力不同，因此内部气体压强和外界气压不相等，导致体积测量出现误差；④该装置测定的是平均速率，不能观察到瞬时速率的变化。利用压力传感器进行实验，测量实验过程中密闭容器中气体压力的变化，从而可以实时、直观体会到化学反应速率的变化。

二、大概念统整策略

普通中学课程以大概念聚焦化学教学不仅能够增强知识的结构性与内在联系，并且有助于化学基本观念的形成，解决教学中存在的知识掌握与学生发展的矛盾。基于大概念的高中化学课程实施是高考引导教学的内在需要，亦是"一核四层四翼"高考评价体系背景下培养基础、综合、应用、创新人才的外在要求。

（1）学科大概念指能反映学科的特质，居于学科的中心地位，具有较为广泛的适用性和解释力，具有超越课堂的持久价值和迁移价值的原理、思想和方法。化学大概念可能是一个化学名词（有机物、化学键、元素周期律等）、一个化学原理（平衡移动原理、碰撞理论、盖斯定律等）、一个描述化学问题的句子（物质的分离和提纯、结构决定性质、溶液呈电中性等）。比如，在进行"水溶液中的离子反应与平衡"大单元教学设计时，可以提出以"电解质在水溶液中的行为""电离平衡""水解平衡""离子反应与平衡的应用"四个核心概念为基础的大概念"可溶电解质在水溶液中的平衡"。

（2）以大概念为统领进行单元教学，通过具体知识背后的更为本质的思想方法（大概念）可以明晰具体内容之间的内在联系，有利于教师把握教学内容的本质和关键，同时也促进教师统筹考虑教学内容的关联性与学生认识发展的递进性之间的关系，思考如何根据学生的学习进程设计和组织具体课时的教学，帮助学生以结构化的、连贯的方式进行思考和理解，让具体内容的学习更好地服务于学生化学学科核心素养的发展，促使学生的思维发展、能力提升能够与具体知识的学习协调同步。

三、数字化实验组织策略

数字化实验在中学化学的教学中应用已经非常广泛，除传统实验装置外还需要"传感器""数据采集器"以及一个"计算机"，计算机中常含有配套的软件，以供数据分析使用。还有一种是集成了"传感器""数据采集器"和"计算机"的手持式设备，就如额温枪一样简便。目前主流的数字化传感器主要的优势为：①操作简便，只要把数据采集器、传感器、计算机等实验装置安装调试好，就能很便捷地采集到精确的实验数据；②应用范围广，传感器种类丰富，可以测量温度、压强、pH、氧气、二氧化碳等物理量；③实验数据可视化强，能够自动生成实验数据，然后对这些数据进行定量分析，生成相关的数据图表。但数字化实验也有它相应的短板。如：操作过于简便会使学生相应的化学实验操作技能得不到锻炼；直接测量相关的物理量，会让学生错失设计化学实验、进行科学探究的机会。同样，自动生成实验数据和相应的曲线，也会让学生分析实验误差的科学思维能力得不到锻炼。因此，如何对待化学教学中数字化实验的"长处"和"短板"成为值得思考的问题。笔者认为，数字化实验在化学教学中的应用策略是扬长补短，应在充分发扬其长处的同时弥补其短板，而不是回避。

四、结论与模型建构策略

与传统实验相比，数字化实验具有定量化、可视化、便捷化的特点。学生除了能从宏观和定性上收集证据，分析证据，得出结论，还能从定量及微观的角度收集不同层次的证据，继而实现证据由点到面的转变。在数字化实验中，可实时监测并直观呈现物理量数据变化，用曲线图像形式将宏观现象与微观表征联系，帮助学生建立宏观表征和微观表征的联系。利用数字化实验能将抽象的微观反应过程以具体的数字曲线表示，如 pH 曲线、透光率曲线、电导率曲线和气压曲线等。在实际教学中，教师充分利用信息的图表表征，引导学生从曲线的走势分析宏观现象变化、微观的微粒变化，以及用化学符号表征变化过程，使学生建立分析曲线的四重表征模型，培养学生的定量思维和数据处理分析能力，形成理解数据曲线图的一般方法。

在基于数字化实验与"四重表征"模式结合的"弱电解质的电离"教学中，学生利用 pH 传感器测定等浓度的盐酸和醋酸用蒸馏水稀释至相同体积过程中的 pH 变化。通过曲线表征分析稀释前两者 pH 的差异，得出两种酸电离程度不同导致氢离子浓度不同的结论，认识到强弱电解质的本质区别。通过曲线表征稀释过程，引导学生发现弱电解质的电离是动态的，可受外界因素的影响。为进一步证明弱电解质的电离过程是可逆的，可继续探究盐酸溶液、醋酸溶液中分别加入等量的氯化钠固体、醋酸钠晶体后两者的 pH 变化。在弱电解质的电离这个概念教学中，借助数字化实验手段突破了传统教学中仅依靠文字阐述与微观表征的符号分析相结合的局限。通过实验情境创设、讨论、实验延伸研究、图像、符号表征，促进学生对核心概念的结构化认知。

五、问题解决策略

教材中证明金属发生吸氧腐蚀和析氢腐蚀导致的气压变化引起 U 形管中液柱变化。吸氧腐蚀是普遍存在的，如果析氢腐蚀产生氢气的量不敌消耗氧气的量，那么析氢腐蚀将无法被证明。即便是产生了气压变大的现象，伴随发生的吸氧腐蚀无法被证明，所以氧气传感器和气压传感器的使用才能将微观的变化用数据的方式呈现出来。

课例的重点活动紧紧围绕化学学科核心素养展开，通过探究钢铁腐蚀的本质，能初步学会收集各种证据，对物质的性质及其变化提出可能的假设；基于证据进行分析推理，证实或证伪假设；能解释证据与结论之间的关系，确定形成科学结论所需要的证据和寻找证据的途径；让学生体验发现和提出有探究价值的化学问题，能依据探究目的设计实验方案，完成实验操作，能对观察记录的实验信息进行加工并获得结论；能和同学交流实验探究的成果，提出进一步探究或改进实验的设想；能尊重事实和证据，不迷信权威，具有独立思考、敢于质疑和批判的创新精神。

综上可以看出，在适当的情境下，针对一些重点问题中通过传统实验难以呈现宏观证据的点，引进数字化实验后，可以将微观变化可视化，以此弥补传统实验的不足。再结合适当的学生活动，可以很好地发展学生"科学的态度与社会责任""宏观辨识与微观探析"等核心素养。

参考文献

[1] 钱扬义，王立新，林惠梅. 手持技术数字化化学实验教学研究［M］. 北京：科学出版社，2021：57-71.

[2] 中华人民共和国教育部. 关于加强和改进中小学实验教学的意见［Z］. 2019

［3］中华人民共和国教育部. 普通高中化学课程标准［M］. 北京：人民教育出版社.
2020：3-5.

［4］朱玉军. 中学化学的基本观念探讨［J］. 中国教育学刊，2013（11）：70-74.

［5］高文，徐斌艳，吴刚. 建构主义教育研究［M］. 北京：教育科学出版社，2008：2.

第二篇

实践篇

第四章

数字化实验在课堂教学场景下的应用

第一节　数字化实验在中学化学课堂教学场景下应用综述

新的课程标准要求新课程改革方向不断变化，化学学科素养的培养关键在于科学实验的探究与创新，训练学生的思维方式。数字化实验搭配着传统实验教学，可以让教学效果更明显，学生对新知识的接收、对概念的理解把握和对实验现象的分析能力更强。数字化实验不仅有传统实验所展现的实验现象，还可以在传统定性实验的基础上给予直观的数据和图像，让学生进一步进行理论和定量的探究，使实验原理更加真实直观。数字化实验也不受时间和空间的限制，可以更快、更方便地搜集分析处理数据，也把一些复杂的实验变得简单快捷易操作，大大提高了实验的精确度和课堂效率。学生通过动态的实验数据加深了对实验的理解，更有助于透彻理解科学的本质；数字化实验使得师生互动的方向发生了变化，不再是传统的教师演示学生模仿，而是学生积极主动地参与探究，在动态的实验数据图像形成的过程中，不断地提问，不断地深入问题的本质，师生共同探讨交流，让课堂充满探究性和乐趣。现将数字化实验在中学化学课堂教学场景下的应用分为以下三个方面：

一、元素化合物的性质探究

元素化合物知识的学习是中学化学的重要组成部分，也是最能体现化学学科魅力的部分。传统化学课堂主要采取教师演示实验、学生分组实验的方式，让学生对元素化合物的性质进行观察、验证等。但对于实验现象不太明显或是实验用品、产物有较大危害的情况时，数字化实验就更能体现出实验现象明显、数据直观、逻辑严密等好处。

在学习"碳酸钠和碳酸氢钠的性质"的过程中，对比研究两者的性质，可引入温度传感器、压强传感器、pH传感器等多种数字化实验让学生直观地看到两者性质差异。如用温度传感器测定二者溶解放热的区别，用压强传感器测定二者与酸反应放出二氧化碳的差异，用压强传感器测定二者热稳定性的差异，用pH传感器测定二者溶于水后碱性的差异，并进一步分析实验数据图像的区别，进而掌握正盐与酸式盐的性质。

在项目式学习"酸雨的形成及危害"中，引入数字化实验，利用压强传感器、pH传感器探究二氧化硫和二氧化氮与水的反应。通过数字化实验，不仅观察到常规的实验现象，还进一步得到装置中压强的变化、溶液中pH的变化曲线，观察二者与水反应的相同点和不同点，进而分析数据、曲线，分析二者与水反应的方程式，理解酸雨的形成和危害。

同样在"有机化合物"的学习中也可以引入数字化实验来帮助学生确定有机化合物的结构。如利用压强传感器测量乙醇与钠反应过程中装置内压强的变化，从而进一步分析出乙醇的分子结构，总结出有机物中哪种化学环境的氢能与活泼金属反应。

二、化学反应原理的理论学习

化学反应原理的学习是整个中学阶段化学学科的难点和重点，无时无刻不体现出化学学科的核心素养，如变化观念与平衡思想、证据推理与模型认知。学生在学习这一部分知识时，往往存在着很多困惑，因为用传统的化学实验不易观察到微观的化学世界，如化学平衡是否真的存在，弱电解质在水溶中是如何电离的，等等。

在"化学反应的限度"的学习中，如何证明合成氨的反应是一个可逆反应，可以在反应器中加入压强传感器，测定反应过程中反应器中压强的变化，从而直观观察到压强的变化规律曲线，直观感受到化学反应的限度。

在"离子反应及其发生条件"的学习中，运用特定的离子传感器测定反应过程中溶液离子的变化过程，可以让学生直观看到离子的变化，帮助学生理解离子反应。当然也可以利用电导率传感器测定两种电解质溶液在相互滴定过程中溶液电导率的变化曲线。同样运用电导率传感器的实验，比如在"冰醋酸的电离"一节的学习中，测定向冰醋酸中加水或加热后电导率的变化曲线，帮助学生理解电离平衡。

金属与盐溶液的反应既牵扯到金属活动性，又涉及盐类的水解，大多数学生对金属的活动顺序的掌握和应用比较熟练，却容易忽视弱碱阳离子的水解。通过铝与铜溶液反应的现象，探究反应的原理本质，借助于数字化实验中的 pH 传感器，了解溶液 pH 的细小变化，可以更直观、准确地反映水解的实质，加深学生对于消化盐类水解这一重难点的理解，有助于他们在以后的学习中应用盐类水解解决相关问题，培养了学生科学探究的思路和方法。

"钢铁的电化学腐蚀"是化学选修 4 的教学内容，主要涉及析氢腐蚀和吸氧腐蚀两种。对于析氢腐蚀，通过检验产生的气体很容易判断其腐蚀程度，而吸氧腐蚀则反应速率慢，不明显，学生对氧气是否参与持有怀疑态度。通过引入数字化实验设计，使用氧气传感器和压强传感器，可以让同学直观、明白地认识吸氧腐蚀的本质，深层次理解钢铁腐蚀，认识其危害。

三、高三复习课中对知识的整合

对高考重难点知识应用数字化实验进行案例探究。通过数字化实验优化学生的认知结构，开拓学生的创新思维能力，突破学生知识中存在的困惑和障碍。通过层层引入思考让学生将知识系统化，既能提高学生成绩，也能培养学生的综合能力。

在对离子反应的复习中引入数字化实验，离子反应的实质、离子方程式的书写都是高中化学的重难点，只有理解离子反应的实质，才能更好地书写离子方程式。在复习离子反应的同时，为了让学生更好地理解其本质，能将离子的导电性与强弱电解质联系在一起，让知识融会贯通。这里用电导率传感器和 pH 传感器测量硫酸与氢氧化钡反应过程中导电性和 pH 的变化，培养学生设计和进行探究性实验的能力，可以提高学生的综合能力。

在高考中，过量少量的问题一直是考察的重点，比如盐酸与碳酸钠的反应。传统讲解都是拿两个药品相互滴加来让学生理解，但这样操作的结果误差比较大，容易造成实验现象不明显。如此，很多学生仍然不理解反应的本质，宏观的现象并不能转化为微观符号，不能清楚地知道反应的具体过程。通过氯化氢与碳酸钠反应体系中过量反应物的不同，产生不同的反应产物，探究其反应原理，理解化学过量反应的反应原理；通过数字化实验观测 pH 具体变化，能让学生清晰地看出反应过程，一目了然地掌握反应，在以后的解题过程中熟练应用这个原理。

数字化实验在提高教学效率，深化教学内容，解读曲线图像及加工信息能力，培养学生思维能力等方面可以发挥巨大功能。数字化实验融入化学课堂教学至少有三个方面的作用：①使学生对抽象的化学概念的理解更透彻，分析问题、解决问题的能力得到提高，对图像问题的处理也变得准确。②能从定性、定量、宏观、微观等不同方面去深入探讨，能更好地应用所学知识。③让学生在探究的过程中培养良好的思维方式，学会分析问题，体会科学探究、推理类比、归纳演绎的科学方法，并能将这种方法应用在解题过程中，使其综合能力得到提升。

第二节　数字化实验在中学化学课堂的应用案例

应用数字化实验的化学教学设计（一）

2-1　化学反应速率

成都石室天府中学　杨洋

一、教学内容分析

（一）教学基本信息

学段	教材	教材章节	课时
高二	人教版高中化学选择性必修 1	第二章　第一节　化学反应速率	1 课时

（二）教材分析

1. 课标分析

（1）内容要求

变化观念：了解化学反应速率的概念及其表示方法，不同的化学反应可用不同的方法来表示化学反应速率的变化观念。

证据推理：根据化学反应速率的测定原理，设计实验学会化学反应速率的测定方法；通过对比的方法，发展基于变量关系的证据推理素养。

（2）学业质量水平要求

属于选择性考试范围。要求学生理解速率的概念和影响速率的外界条件；学习实验研究方法，能设计完成一些化学实验；培养探究精神和依据数据得出结论的科学态度。

2.教材编写分析

（1）教材地位与作用

在必修二中已经初步学习了化学反应速率和限度，学生对化学反应速率的概念及速率的影响因素有了一个感性的认识。在此基础上，本节内容将进一步理解巩固化学反应速率的含义、定量表示及速率测量方法，是对必修二内容的拓展、延伸和总结，也进一步介绍了化学反应速率的本质。通过本节的学习，帮助学生建立有关化学反应速率的完整知识体系，让学生对化学反应速率有更清晰全面的认识。同时，本节内容也为后面学习化学反应速率的影响因素、化学平衡、化学反应进行的方向奠定基础，对后续学习有重要影响。

（2）教材素材处理说明

本节内容相对宏观，重点是通过实验来认识速率原理在化学研究中的作用。教材以生活常见事实为例，在回顾化学反应速率的定义和表示方法后，以锌粒和不同浓度的硫酸溶液反应为载体，设计实验定量和定性探究影响化学反应速率的因素。此处，笔者尝试使用数字化实验来改进原教材实验，以期达到更直观的效果，并以数据实时变化来启发学生分析实验，提升学生的综合实验能力，并以此为契机，与传统实验器材整合，归纳总结常见的"量气方法"这一知识板块。

（三）落实学科核心素养分析

"化学反应速率的教学"体现了以下核心素养：①变化观念与平衡思想，通过化学反应速率的定义剖析提升学生综合分析能力，了解化学变化的内涵及变化过程的可控性；②科学探究与创新意识，对比新旧实验、创新改造实验，整合"量气实验"，提升学生的探究能力和创新意识；③科学态度与社会责任，通过实验，使学生更深刻、更全面地理解化学反应，实现对生产生活中化学反应的调控和利用，使化学反应符合人们的需求，有助于培养学生的科学态度和社会责任。

（四）学科核心素养和本课目标关联分析

新课标倡导"素养为本"的教学，以真实素材创设教学情境，从而引发问题探究，通过实验验证解决问题。从激发实验兴趣、端正实验态度，训练动手能力、提升实验思维的方向引导学生。

本堂课通过对实验设计的优化探究，培养科学探究意识和创新精神；通过对化学反应速率的概念学习和知识应用及简单计算，培养学生实事求是的精神。将知识应用于生活生产实际，关注与化学有关的热点问题，契合核心素养中对"科学精神与社会责任"的要求。

（五）学科核心素养和本课数字化实验设计关联分析

本节探究主题为"定性和定量研究影响化学反应速率的因素"，分为两个实验探究，一是选择合适的药品分别探究浓度、温度、催化剂对化学反应速率的影响；二是测定比较化学反应速率。笔者认为"探究浓度、温度、催化剂对化学反应速率的影响"与本节第三个知识点"活化能"更能体现出板块间的衔接与"证据推理与模型认知"维度的统一，进而延伸"量气装置图的变式"，培养学生严谨求实的科学态度，体现学科素养对"实验探究"和"科学精神"的多维度要求。

二、学情分析

（一）已有基础

通过必修一的学习，学生认识了化学反应中的物质变化和能量变化的实质，引入"反应进行的快慢"这一视角，继续认识化学反应。

（二）障碍点

由于起点能力不足、理论与实践的脱节，导致设计实验出现不严密、无可操作性、不懂得变量控制等问题。

（三）发展点

引导学生学习分析具体反应的特点，利用所学理论知识进行合理选择。

要求全面思考各种条件的相互影响，趋利避害，感悟理论对实践产生的指导作用。

三、目标分析及重难点

（一）教学目标

密切结合已有知识，从问题串、活动元引入、展开课题，以实验探究做为抓手，丰富学生探究氛围，解决真实情境中的速率问题。

（二）评价目标

1. 本节课涉及化学反应速率的计算，诊断学生化学用语表达、从不同角度认识化学反应的认知水平以及计算能力。

2. 通过新旧实验探究的分析对比活动，诊断学生发现问题、解决问题的高阶学科能力和思维。

3. 通过"量气实验"仪器的整合，诊断并发展学生的归纳、演绎能力和综合解决问题的能力。

（三）教学重、难点

理解化学反应速率的定义和表示方法，学会对照实验和半定量实验的实验方法，学会"实践—理论—指导实践"的认识问题、解决问题的方法。

四、教学设计思路

（一）大概念：化学反应原理

（二）数字化实验设计说明

1. 采用压力传感器测试化学反应中密闭体系压强的实时变化，让学生更直观地观察现象、分析反馈数据。

2. 对 $P\text{-}t$ 曲线求导，得到 $v\text{-}t$ 曲线，得出实验结论。

（三）设计框架

真实情境	核心知识	核心问题	核心活动
对 Zn 粒与硫酸溶液的反应实验进行改进，从求平均速率的角度改为观测速率的实时变化角度	化学反应速率	对具体的化学反应，能从哪些角度去分析速率的快慢，如何在实验操作中实现	学生讨论，多角度观察检测化学反应快慢的变化

五、教学过程

【情境引入】问题1：请同学们举例说明一个化学反应是否具有利用价值常取决于哪些因素？问题2：判断下列反应的快慢。①神州十二号载人飞船点火；②溶洞形成；③酸碱中和；④煤的形成；⑤氢气氯气混合后光照；⑥钢铁生锈。问题3：如何定量描述化学反应速率？

【活动元一】 构建模型：认识化学反应速率（8 min）

活动目标	活动形式	活动过程与结果	教师活动
认识化学反应速率	分组讨论	【思考1】在密闭容器中发生反应：$N_2 + 3H_2 \rightleftharpoons 2NH_3$，反应开始时 N_2 的浓度为 0.8 mol/L，5 min 后 N_2 的浓度变为 0.7 mol/L。求这 5 min 内 N_2 的反应速率。【思考2】如何计算这 5 min 内 H_2、NH_3 的反应速率	【引入】不同化学反应的反应速度不同（联系生活）。那么，如何表示化学反应速率？【板书】定义：如果反应体系的体积是恒定的，则通常用单位时间内反应物或生成物浓度（mol/L）的变化来表示化学反应速率
	小组计算	【活动】通过计算观察、发现、得出结论：各物质的速率之比 = 化学计量数之比	【引导】对于一个化学反应：$mA+nB=pC+qD$ 可用任一种物质的物质的量浓度随时间的变化来表示该化学反应的速率。通过计算，同学们能得出什么结论
	反馈评价小组计算	【评价任务】1. 反应 4A(s)+3B(g)=2C(g)+D(g)，经 2 min 后，B 的浓度减少了 0.6 mol/L。下列反应速率的表示正确的是 A. 用 A 表示的反应速率是 0.4 mol/(L·min) B. 分别用 B、C、D 表示的反应速率其比值是 3∶2∶1 C. 2 min 末时的反应速率，用 B 表示 0.3 mol/(L·min) D. $3v(B) = 2v(C)$	题目难度螺旋上升，从不同维度去检测学生的学习效果

【活动元二】　定量探究：了解反应速率的测定方法（15 min）

活动目标	活动形式	活动过程与结果	教师活动
了解反应速率的测定方法	问答形式	【思考】在 Zn 与 H_2SO_4 反应体系中，反应开始时，H_2SO_4 的浓度为 2 mol/L；反应开始 2 min 后，测得容器中 H_2SO_4 的浓度为 1.8 mol/L。上述化学反应速率是如何测定？ 【反馈1】根据化学反应速率表达式，该实验可分别测定反应开始时和 2 min 时 H_2SO_4 的浓度。 【追问】由于本实验中 H^+ 浓度大于 1 mol/L，我们无法通过测定 pH 的方法测定 H^+ 浓度，也就无法测定硫酸的浓度。那么还有什么方法可以测定该反应的化学反应速率？ 【反馈2】我们可以测量一定时间内锌粒质量的变化，然后通过化学方程式换算成硫酸浓度的变化量	问题串的形式引发学生深层次思考；利用手持技术测量一定时间内溶液中 H^+ 或 Zn^{2+} 浓度的变化，测量一定时间内溶液的电导变化、反应的热量变化
	知识拓展	实际上任何一种与物质浓度有关的可观测量都可以加以利用，如气体的体积、体系的压强、颜色的深浅、光的吸收、导电能力等	展速率概念，为实验做铺垫
	分组探究实验操作分析处理数据	【实验探究】利用压强传感器进行实验。 图一 图二	强调实验细节（仪器的使用、如何保持装置的密闭性等）；指导学生学会分析、反馈数据；帮助学生分析实验得到的数据曲线图；结合四重表征模式，从宏观、微观、符号、曲线 4 方面表征反应的各个阶段，并及时检测、反馈课堂效果

活动目标	活动形式	活动过程与结果			教师活动
			传统课本实验（见图一）	数字化手持技术改进实验（见图二）	
		药品	Zn 粒,4 mol/L, 1 mol/L 硫酸	Zn 粒,4 mol/L, 1 mol/L 硫酸	
		仪器	分液漏斗、锥形瓶、玻璃管、针筒	抽滤瓶、橡胶管、橡胶管、压强传感器、数据采集器	
		实验中的变量	压强一定，体积随反	体积一定，压强随反应发生而变化	
		测量数据	时间（t）/s——秒表	时间（t）/s	引导学生处理数据、图形变化：p-t 曲线求导，得 v-t 曲线变化
			体积（V）/mL——针筒体积	压强（p）/kPa	
		速率的表达式	$\Delta V/\Delta t$	$\Delta p/\Delta t$	
			传统实验只能测量出该实验的平均速率；手持仪器即时采集每一时刻的压强值，相当于可以测量出每时刻对应的瞬时速率		
		实验结果反馈：足量 Zn 与 4 mol/L 硫酸足量 Zn 与不同浓度硫酸			

活动目标	活动形式	活动过程与结果	教师活动
		将 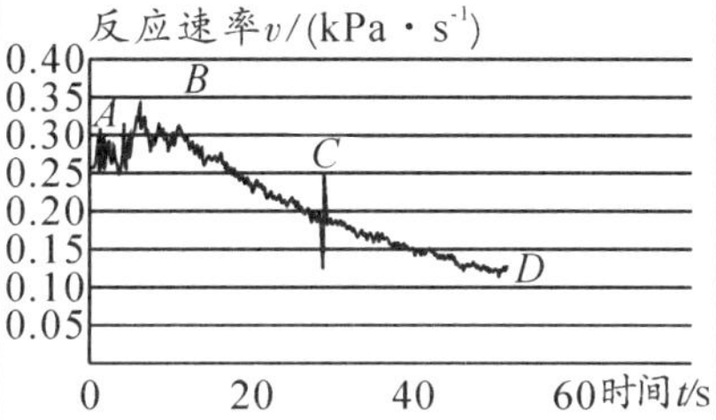	

【活动元三】 思维拓展：掌握量气装置图的变式（17 min）

活动目标	活动形式	活动过程与结果	教师活动
掌握量气装置图的变式	分组讨论 作图讨论 归纳总结	【引入】情境：通过测量一定时间内生成氢气的体积或测量产生一定体积的氢气所消耗的时间可实现反应速率的测定 要求：画出该装置图。 【学生活动】画装置图（进一步熟悉） 【讲解】注射法：直接测量固液反应产生气体的体积，注意应恢复至室温后，读取注射器中气体的体积数值。（一般适合滴加液体量比较少的气体体积测量） 【思考】请画出气体集气法的装置图，并分析此时气体体积受什么因素的影响？在读数时应该注意什么问题？ 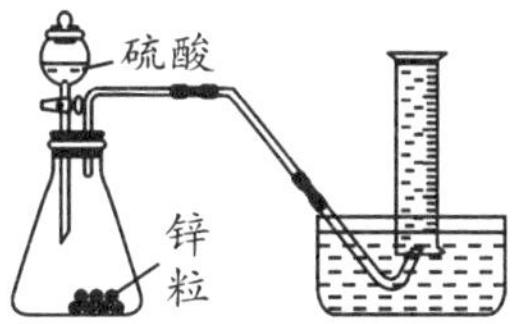 读数时注意： ①冷却至室温； ②调节两液面（内外或左右）相平； ③视线与凹液面的最低处相切。	引导学生辨识、理解各种类型装置图示的区别及其注意事项

活动目标	活动形式	活动过程与结果	教师活动
		【给出更多变式图】 思考：量筒的玻璃导管粗细、深浅对实验的影响	
	测评反馈	【思考】如何调平内外或左右的液面？ 【思考】如何检验下面装置气密性？ 【思维转变】通过气体体积的测定可实现反应速率的测定，同样的，通过气体质量的变化的测定也可实现反应速率的测定。请学生说出下面的装置图中 B、C、D 分别有什么作用？ 	评价题目难度螺旋上升，从不同维度去检测学生的学习效果

六、板书设计

第二章 化学反应速率与化学平衡

第一节 化学反应速率

第 1 课时 化学反应速率

一、化学反应速率

1. 定义：如果反应体系的体积是恒定的，则通常用单位时间内反应物或生成物浓度（mol/L）的变化来表示化学反应速率。

2. 数学表达式：

3. 换算关系：

二、反应速率的测定

1. 传统量气实验。

2. 手持传感器改进实验。

三、量气装置

1. 注射法。

2. 集气法。

3. 集水法。

七、教学反思

1. 教学中的真问题

（1）教学实施过程

概念教学要注意概念的形成及其内涵和外延，由于学生起点不高，直接"空降概念"效果不够理想，在概念这部分要多维度加大训练，收集课堂反馈。

真实的数字化实验需要充分试做和预做，把可能出现的操作和仪器问题都预估到。

实验教学课堂的管控也是对教师的一大挑战。

时间略紧，学生不能充分地各抒己见。

（2）学生真实问题

学生起点不足，概念没跟上，反馈不足。

分析数据的能力有待引导和提升。

跨学科融合,对于数据的处理,求导,学生接受能力有限。

对仪器的对比辨识和整合能力需加强。

2. 改进提升思考

本节探究主题为"定性和定量研究影响化学反应速率的因素",分为了两个实验探究:一是选择合适的药品分别探究浓度、温度、催化剂对化学反应速率的影响;二是测定比较化学反应速率。笔者认为"探究浓度、温度、催化剂对速率的影响"比本节第三个知识点"活化能"更能体现出板块间的衔接与"证据推理与模型认知"维度的统一,故将该定性实验放在下一课时教学安排中,在本课时教学设计未体现,转而延伸"量气装置图的变式",提升学生对实验器材的有效识别、运用能力。

应用数字化实验的化学教学设计(二)

3-1 弱电解质的电离

四川省成都高新实验中学 韦迁云

一、教学内容分析

(一)教学基本信息

学段	教材	教材章节	课时
高二	人教版高中化学选择性必修1	第三章 第一节电离平衡	1 课时

(二)教材分析

1. 课标分析

(1)内容要求

从电离、离子反应、化学平衡的角度认识电解质水溶液的组成、性质和反应;认识弱电解质在水溶液中存在电离平衡。

(2)学业质量水平要求

能用化学用语正确表示水溶液中的离子反应与平衡;能通过实验证明水溶液中存在的离子平衡;能举例说明离子反应与平衡在生产生活中的应用;能

从电离、离子反应、化学平衡的角度分析溶液的性质，如酸碱性、导电性等。

2. 教材编写分析

（1）教材地位与作用

本课位于人教版高中化学选择性必修一第三章第1节"电离平衡"，在已学的电离、电解质概念和化学平衡的基础上，本课时对电解质继续分类，理解弱电解质的"部分电离"，并从平衡观认识电离平衡的建立和移动（电离常数及计算相关内容由于课时限制放在下一课时学习），为后续继续研究水溶液中离子的行为及其他平衡作铺垫。

（2）教材素材处理说明

将教材中的实验3-1拆解，导电能力实验与必修阶段做过的导电性实验衔接，作为复习导入的情境素材，认识到醋酸和盐酸的电离程度有区别，再让学生设计其他实验进一步证明醋酸的电离程度比盐酸小，发展学生实验设计水平的同时，让学生实施3-1剩余的两个实验方案，从 pH 的定量角度区别"完全电离"与"部分电离"。

教材中对于电离平衡移动的讨论是类比化学平衡，用文本形式说明的。为了加强高阶思维的锻炼并增加学生对电离平衡的感性认识，借助数字化实验的结果提供充分可靠的实验证据。

（三）落实学科核心素养分析

本课在电离理论和化学平衡的基础上进一步理解电离平衡，认识进阶由静态的离子水平上升到动态的离子平衡水平，深化对水溶液中电解质的存在形式和微粒间相互作用的认识，从微观层面理解电解质在水溶液中的不同行为，发展"宏观辨识与微观探析"的化学学科核心素养。迁移一般化学平衡的平衡观，建立弱电解质溶液中的平衡观，发展"变化观念与平衡思想"的化学学科核心素养。进行实验探究，从实验现象与数据中获取证据，发展"科学探究与创新意识""证据推理与模型认知"。

（四）学科核心素养和本课目标关联分析

1. 学科核心素养与本课程目标关联分析

（1）对比盐酸、醋酸溶液的性质差异，通过设计实验、进行实验，从宏观性质和微观组成角度区别强、弱电解质的概念。培养"宏观辨识与微观探析""科学探究与创新意识""证据推理与模型认知"的学科核心素养。

（2）通过提出假设、实验验证、得出结论，理解弱电解质的"部分电离"具有动态平衡的特征，认识弱电解质的电离平衡；通过推理预测、实验验证、解释说明等探究活动，结合数字化实验结果，能迁移运用勒夏特列原理分析条件改变对电离平衡移动的影响。以此培养"变化观念与平衡思想""科学探究与创新意识""证据推理与模型认知"的学科核心素养。

2. 学科核心素养与数字化实验设计关联分析

本节课在两个活动中借助数字化实验开展教学活动。其一是在科学探究的假设验证环节，通过引导学生解读数字化实验所得曲线图，结合勒夏特列原理，认识弱电解质的"部分电离"是动态平衡。其二是在探究改变条件对电离平衡的影响时，学生进行"提出问题—推理预测—获取证据—得出结论"的探究过程，通过数字化实验提供有力证据，也有利于突破加水稀释对电离平衡影响的认知难点。以此主要发展"变化观念与平衡思想""科学探究与创新意识""证据推理与模型认知"等学科核心素养。

二、学情分析

（一）已有基础

学生在必修教材的学习阶段已经知道电解质、非电解质的概念，能初步分析酸、碱、盐在水溶液中的电离行为。在前一章的学习后，学生初步树立了平衡观，能够用化学平衡原理解释化学现象，能利用平衡常数进行简单计算，具备一定的实验设计和探究能力，具有较好的逻辑思维和分析推理能力。

（二）障碍点

遗忘电解质、非电解质的概念；混淆导电能力和电离程度；对弱电解质的电离平衡的存在和移动缺少感性认识；对传感器的了解和接触较少，难以在课堂上进行熟练操作。

（三）发展点

借助数字化实验的曲线图表征实验结果，培养证据意识，引导学生在科学探究中综合运用微粒观、平衡观认识弱电解质在水溶液中的电离平衡。

三、目标分析及重难点

(一) 教学目标

1. 通过设计实验、进行实验对比盐酸、醋酸溶液的性质差异，从宏观和微观角度区别强、弱电解质，发展证据意识。

2. 通过提出假设、实验验证等探究活动，认识弱电解质的电离平衡。

3. 通过推理预测、实验验证、解释说明等探究活动，能迁移运用勒夏特列原理分析条件改变对电离平衡移动的影响。

(二) 评价目标

1. 通过设计实验、进行实验证明盐酸完全电离，醋酸部分电离，诊断并发展学生实验设计能力 (孤立水平、系统水平)。

2. 通过分析硫酸钡饱和溶液导电能力与电离程度的关系，诊断对强、弱电解质概念的认识水平 (孤立水平、系统水平)。

3. 通过对弱电解质电离平衡的建立过程和平衡移动的探究与分析，诊断并发展学生推理预测及解释说明的能力，推动学生对化学平衡模型的认识 (微粒观与平衡观)。

(三) 教学重难点

1. 教学重点：弱电解质的电离平衡；温度、浓度对电离平衡移动的影响。

2. 教学难点：弱电解质的电离平衡。

四、教学设计思路

(一) 大概念：化学平衡

(二) 数字化实验设计说明

1. 利用 pH 传感器绘制曲线图，结合勒夏特列原理验证弱电解质是动态平衡。

2. 利用 pH 传感器和温度传感器，探究改变条件对电离平衡的影响。

(三) 设计框架

真实情境	核心知识	核心问题	核心活动
洁厕灵的主要成分是盐酸，而非醋酸	电解质在水溶液中的电离程度有区别	如何证明醋酸的电离程度比盐酸小	设计、实施实验证明醋酸的电离程度比盐酸小

续表

真实情境	核心知识	核心问题	核心活动
血浆的 pH 稳定在 7.35-7.45，是因为存在 H_2CO_3/$NaHCO_3$ 缓冲对	弱电解质存在电离平衡	如何理解"部分电离"	利用改变外界条件看是否有平衡移动验证部分电离的过程是动态平衡
		改变条件，电离平衡如何移动	探究条件改变对电离平衡的影响

五、教学过程

【课前检测】下列叙述正确的是（　　　　）

①液态氯化氢不能导电，所以氯化氢是非电解质

②三氧化硫溶于水能导电，所以三氧化硫是电解质

③硫酸钡的水溶液不能导电，所以硫酸钡是非电解质

④尽管氨气溶入水能导电，但是氨气是非电解质

⑤酒精在水溶液和熔融状态下均不导电，所以酒精是非电解质

⑥汞可以导电，但它是单质，所以它不是电解质，而是非电解质

A. ②③⑥　　　B. ④⑤　　　C. ④⑤⑥　　　D. ①④⑤⑥

【活动元一】　温故知新（5 min）

活动目标	活动形式	活动过程与结果	教师活动
回顾电解质与电离概念	交流评价 自主填写	【观看】导电性实验结果示意图（NaCl 固体、NaCl 溶液、熔融 KNO_3、稀盐酸、蔗糖溶液），回答相关问题。 问题1-1，根据实验结果，什么情况下能导电？ 问题1-2，什么是电解质？什么是非电解质？ 问题1-3，什么是电离？电离的研究对象是什么？条件是什么？如何表述电离过程？ 【反馈】课前检测情况。 【小结】概念： 电解质：_____　举例：_____ 非电解质：_____　举例：_____ 电离：_____	播放 PPT 图片，引导学生回顾旧知识，反馈课前检测结果，诊断前概念的认识水平（孤立水平、系统水平）

【情境过渡】同为电解质的盐酸和醋酸，为什么洁厕灵的主要成分是盐酸，而不用醋酸？二者有何区别？

【活动元二】　实验探究：认识强、弱电解质（12 min）

活动目标	活动形式	活动过程与结果	教师活动
认识、区别强电解质和弱电解质	观察记录 现象分析 小组讨论 小组实验 归纳总结 解决问题	【观察实验】同浓度盐酸和醋酸溶液的导电性 现象：_____ 结论：_____ 【小组讨论】问题 2-1：还能通过哪些实验证明醋酸的电离程度比盐酸小？ 提出可能的设计方案，互相评价 【分组实验】①取等质量镁条分别与 0.1 mol/L 盐酸和醋酸反应，观察现象；②用 pH 计分别测定 0.1 mol/L 盐酸和醋酸的 pH 【展示】从实验中可得到的结论：_____ 【小结】概念 强电解质：_____　类别举例：_____ 弱电解质：_____　类别举例：_____ 【练习】展示 $BaSO_4$ 饱和溶液导电性实验结果：灯泡不亮。$BaSO_4$ 是强电解质还是弱电解质？分析解释原因：_____	①演示实验，提出问题 2-1。 ②鼓励学生小组讨论，教师评价。 ③巡视指导学生分组实验。 ④讲解关键概念。 课堂练习判断 $BaSO_4$ 的分类归属，意在辨析导电能力与电离程度易混淆的概念，明确一般是依据电解质溶于水的那部分是否完全电离来区分强、弱电解质

【过渡】醋酸与盐酸在水溶液中存在怎样不同的行为呢？

【活动元三】　科学探究：建立电离平衡（11 min）

活动目标	活动形式	活动过程与结果	教师活动
认识并建立弱电解质的电离平衡	自主思考 小组讨论 做出假设	【思考】问题 3-1：盐酸、醋酸溶液中主要存在哪些微粒？ 【思考】问题 3-2：如何理解"部分电离"？ 【小组讨论】提出假设（预设如下） 假设一：部分醋酸电离成离子，剩余醋酸以分子形式存在。 假设二：醋酸分子电离成 H^+ 和 CH_3COO^- 的同时，也有 H^+ 和 CH_3COO^- 结合成醋酸分子，存在动态平衡 $CH_3COOH \rightleftharpoons CH_3COO^- + H^+$	

活动目标	活动形式	活动过程与结果	教师活动
实验验证交流评价 归纳总结		【实验验证】演示：向醋酸溶液中加入醋酸铵固体，利用 pH 传感器，绘制 pH 随时间变化曲线。 【讨论】 | 现象	用原理解释	结论
---	---	---
	假设	成立 | 【小结】醋酸的电离方程式：_____ 醋酸电离平衡示意图 v-t 图：_____ 【思考】问题 3-3：电离平衡有什么特点？ 【思考】问题 3-4：0.1 mol/L 醋酸的 "0.1" 表示什么浓度？ 【练习】绘制溶液中溶质分子、离子浓度随时间变化的曲线示意图	提出问题，引导学生分析可以利用改变外界条件看是否有平衡移动来验证假设二。 演示数字化实验，引导学生解读曲线图，用勒夏特列原理解释现象，得出结论。 通过问题引导学生类比化学平衡建立电离平衡

【活动元四】　证据推理：改变条件对电离平衡的影响 （12 min）

活动目标	活动形式	活动过程与结果	教师活动
分析探究改变条件对电离平衡的影响	提出问题做出预测获取证据得出结论	【呈现表格】以醋酸溶液为例 | 条件改变	平衡移动方向	$c(H^+)$	$n(H^+)$	$c(CH_3COO^-)$	电离程度	导电能力
---	---	---	---	---	---	---
升温						
加水稀释						
加少量醋酸铵固体						
通少量氯化氢气体						
加少量氢氧化钠固体						
加入少量冰醋酸								引导学生通过"提出问题—预测—从数字化实验获取证据—得出结论"的探究过程，认识条件改变对电离平衡移动的影响

续表

活动目标	活动形式	活动过程与结果	教师活动
获取证据 得出结论 小组讨论 交流评价 解决问题		【思考】问题 4-1：温度如何影响电离平衡？ 　　　　问题 4-2：电离过程是吸热还是放热的？ 【预测】_____ 【观看演示，获取证据，完善表格】磁力搅拌器加热，利用 pH 传感器，绘制 pH 随温度的变化曲线。 【思考】问题 4-3：加水稀释醋酸溶液，平衡如何移动？ 【预测】_____ 【观看演示获取证据完善表格】利用 pH 传感器，绘制 pH 随时间变化曲线。 【讨论并完成表格】问题 4-4：加入其他试剂，平衡如何移动？ 【小结】从电离平衡的角度回答解释问题 2-1。 【情境素材】正常人体血浆的 pH 稳定在 7.35～7.45，原因是因为存在 H_2CO_3/$NaHCO_3$ 这样的缓冲对，使血浆的酸碱度不会发生很大的变化。 【思考】问题 4-5：为什么生物体内的缓冲对能起到缓冲作用？（提示：多元弱酸分步电离，第一步电离为主）	引入生物学中的情境，运用电离平衡解决问题

六、板书设计

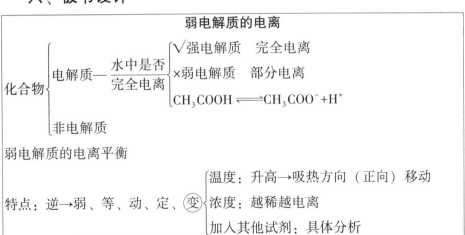

弱电解质的电离

化合物
　电解质——水中是否完全电离
　　√强电解质　完全电离
　　×弱电解质　部分电离
　　$CH_3COOH \rightleftharpoons CH_3COO^- + H^+$
　非电解质

弱电解质的电离平衡

特点：逆→弱、等、动、定、变
　温度：升高→吸热方向（正向）移动
　浓度：越稀越电离
　加入其他试剂：具体分析

七、教学反思

(一) 教学中的真问题

1. 教学实施过程

本课时安排的学生实验和教师演示实验较多，且设置了较多交流讨论环节，因此时间不易控制。为预防现场演示实验仪器出现调试意外问题，可预先录制演示视频备播。

2. 学生真实问题

活动三、四的假设、推理都建立在前一章平衡观的基础上，由于班级学生的知识基础参差不齐，对化学平衡掌握得不够好的同学在分析推理时有困难。

(二) 改进提升思考

1. 对于活动时间仓促的问题，可将活动元一的内容更多挪至课前预习环节，并将对电解质概念的回顾与活动元二合并到导电性实验中。

2. 针对学生基础问题，建议在课前根据化学平衡部分知识的掌握情况，分层次划分小组，在进行小组讨论时，确保小组合作解决问题。

应用数字化实验的化学教学设计 (三)

3-4 酸碱中和滴定实验

四川省成都市玉林中学　杨晗

一、教学内容分析

(一) 教学基本信息

学段	教材	教材章节	课时
高二	人教版高中化学选择性必修1	第三章　第四节　沉淀溶解平衡	1课时

(二) 教材分析

1. 课标分析

(1) 内容要求

了解水溶液中的离子反应与平衡在物质检测、化学反应规律研究、物质转化中的应用；了解溶液 pH 的调控在工农业生产和科学研究中的应用。

(2) 学业质量水平要求

能进行溶液 pH 的简单计算；能正确测定溶液 pH；能调控溶液的酸碱性；

能选择实例说明溶液 pH 的调控在工农业生产和科学研究中的重要作用。

2. 教材编写分析

（1）教材地位与作用

"酸碱中和滴定"操作简便、快捷、精确度高，具有很大的实用价值，在生产生活和科学研究中应用广泛，是教材《化学反应原理》（选择性必修 1）中的重要内容，与必修模块中的"一定物质的量浓度溶液的配制"和选修模块的"中和反应反应热的测定"等实验一起承载着课程标准中"体会定量研究的方法对研究和学习化学的作用"的要求。

（2）教材素材处理说明

首先教材中展示了酸式、碱式滴定管图示，将两种滴定管的不同之处也进行了放大处理，等学生拿到滴定管后，会更加关注到两种滴定管的构造，进而分析为什么两种滴定管会不一样。实验数据则是用表格的形式进行展示，课堂上要让学生做好记录实验数据的工作，务必准确真实地记录数据。在另一个实验数据教材中直接进行展示，目的是要让学生将数据转换成图像，让学生自己画出实验数据线的突变，增强学生的数据处理能力。

（三）落实学科核心素养分析

本课时重点活动紧紧围绕化学学科核心素养展开，在宏观辨识与微观探析素养上体现为：掌握酸碱中和反应的实质，了解酸碱指示剂变色及变色范围。在变化观念与平衡思想体现为：知道酸碱中和过程中 pH 突变的存在。在证据推理与模型认知体现为：通过数字化实验了解中和滴定曲线的建立，再通过理论计算滴定过程中溶液的 pH。在科学探究与创新意识体现为：酸碱指示剂能否准确判断滴定的终点，酸碱指示的选择。在科学精神与社会责任体现为：从量变到质变，定量实验的严谨，体会化学与生活的密切联系，体会同伴实验互助合作的乐趣。

（四）学科核心素养和本课目标关联分析

1. 通过对酸碱中和滴定实验学习，使学生形成对相关知识本质的探究观念，从物质微观层面理解其反应原理，再通过对酸碱指示剂的选择，进一步加强学生微观探析的意识，辨别出不同的指示剂在各个阶段的运用是否恰当。

本教学环节培养学生"宏观辨识与微观探析"等学科核心素养。

2. 通过让学生自主设计实验，同时体现出酸碱中和过程中 pH 的突变曲线，培养学生变化观念与平衡思想。在如何判断实验终点等过程中，学生通过对实验原理的掌握设计出自己的实验方案，同时不断优化实验方案引入数字化实验仪器，培养学生科学探究与创新意识的学科核心素养。若有异常数据出现，能否自主判断舍弃异常数据，培养学生证据推理与模型认知的学科核心素养。本教学环节培养学生"证据推理与模型认知""科学探究与创新意识"等学科核心素养。

（五）学科核心素养和本课数字化实验设计关联分析

在探究"何时达到实验终点"的问题上，传统实验并不能很直观地将实验终点可视化。基于此，让学生自主设计实验，如何能更清晰地"看到"实验终点成为优化方案的突破口，同时学生准确真实记录实验数据，对异常数据的处理也能培养学生的证据推理意识。本教学环节培养学生"证据推理与模型认知""科学探究与创新意识"等学科核心素养。

二、学情分析

（一）已有基础

本课时的教学对象是已经学习过"溶液的酸碱性""中和反应反应热的测定"的高二学生，他们掌握了溶液酸碱性的表示方法、pH 的计算模型，具备一定的酸碱指示剂使用知识，对中和滴定使用的仪器也有初步的了解。但在学生已有知识中，中和反应进行彻底的标志是当体系 pH = 7 时，教材中提供的指示剂要精确的体现这一点还有难度，对于学生的理解也存在一定障碍。同时高二的学生经过高一一年的化学学习，初步具备了对实验现象进行描述、分析、探讨的能力，但是自身实验技能还有待提升。

（二）障碍点

经上述分析，学生无法精确判断何时体系 pH = 7，何时才算反应彻底。因此，在教学过程中需要突破传统方法，让学生能直观探视反应过程中 pH 的突跃。

（三）发展点

本课时基于数字化实验，运用 pH 传感器外接电脑显示器等设备，能让学生清晰地感受到滴定过程中突跃的存在，继续引导学生进行 pH 的计算，分析在滴定实验中合适的酸碱指示剂。

三、目标分析及重难点

（一）教学目标

宏观辨识与微观探析素养：掌握酸碱中和反应的实质，了解酸碱指示剂变色及变色范围。变化观念与平衡思想：知道酸碱中和过程中 pH 突跃的存在。证据推理与模型认知：通过数字化实验了解中和滴定曲线的建立，再通过理论计算滴定过程中溶液的 pH。科学探究与创新意识：酸碱指示剂能否准确判断滴定的终点，酸碱指示的选择。科学精神与社会责任：从量变到质变，定量实验的严谨，体会化学与生活的密切联系，体会同伴实验互助合作的乐趣。

（二）评价目标

1. 本课时需要运用到 pH 的计算，酸碱中和的实质原理，诊断学生化学用语表达，以及从微观角度认识化学反应的认知水平。

2. 通过传统方法与数字化实验分析对比，诊断学生发现问题，解决问题的高阶学科能力和思维。

3. 通过小组合作探究，诊断并发展学生的交流互动、实验操作和科学质疑的精神。

（三）教学重难点

重点：酸碱中和滴定的原理。

难点：酸碱中和滴定终点的判断。

四、教学设计思路

（一）大概念：水溶液中的离子平衡

（二）数字化实验设计说明

1. 运用 pH 传感器，将实验变化过程可视化。

2. 通过 pH 传感器和电脑显示器连接，再将结果通过投屏的方式展示在教室多媒体上，以图像形式实时动态显示，以确定是否达到滴定终点。

（三）设计框架

真实情境	核心知识	核心问题	核心活动
测定未知浓度的 NaOH 溶液的准确浓度	酸碱中和	何时达到滴定终点	小组设计实验探究未知浓度的 NaOH 溶液的准确浓度

五、教学过程

【情境引入】帮帮实验员——NaOH 浓度探究（1 min）

【活动元一】 小组合作设计实验方案（7 min）

活动目标	活动形式	活动过程与结果	教师活动
掌握酸碱中和反应的实质	独立完成	【观察】通过观察图片及实物，找出两根滴定管的差异，并尝试分析原因。 构造差异。酸式滴定管：＿＿＿＿＿＿＿＿＿ 碱式滴定管：＿＿＿＿＿＿＿＿＿ 原因：＿＿＿＿＿＿＿＿＿	播放 PPT，提出问题："通过观察图片及实物，找出两根滴定管的差异，并尝试分析原因"，引导学生从构造反推所盛物性质，并请学生自主设计实验方案，学生互评，教师评价
	交流评价 思考 讨论交流	【阅读】教材 89 页"滴定管的构造"。 【思考】若实验员发现一瓶没有浓度标志的 NaOH 溶液，该如何测定其准确浓度？请尝试设计出实验方案。 【讨论】上述实验方案是否合理，并选出最方便且准确的方法： ＿＿＿＿＿＿＿＿＿＿＿＿ ＿＿＿＿＿＿＿＿＿＿＿＿ 【阅读】教材 90 页"用已知浓度的强酸滴定未知浓度的强碱"。 【思考】可不可以将教材的实验进行改进	

【过渡】用已知浓度的强酸滴定未知浓度的强碱，那么如何才能知道酸和碱恰好完全反应了呢？

【活动元二】 实验探究滴定终点的判断及实验装置搭建（14 min）

活动目标	活动形式	活动过程与结果	教师活动
1.了解酸碱指示剂变色及变色范围；2.传统方法与数字化实验分析对比	小组讨论、小组展示、小组讨论、小组展示、思考改进、装置设计	【分组讨论1】指示剂选择 根据所提供药品及 PPT 展示指示剂变色范围，分组讨论，用 HCl 滴定 NaOH 时选择何种指示剂？ 【小组展示1】小组代表回答本组选择的指示剂并说明原因。 【分组讨论2】分组讨论，如何判断实验恰好完全反应？何时可以停止滴定？ 【小组展示2】小组代表回答本组选择的指示剂并说明原因。 【讨论】只用肉眼观察颜色及 pH 试纸是否精确？如何能够提高实验准确性？ 【观察】pH 传感器，了解 pH 传感器用法。 【小结】对教材实验的改进：（请画出你设计的实验装置）	提出问题："强酸、强碱大多数无色透明，中和反应也无色，那对于整个体系而言，如何判定反应程度？"引导学生对滴定终点进行思考，并选出合适的指示剂；进一步以实验准确性为引，引导学生对传统实验方式进行改进，引入数字化实验仪器本课中即 pH 传感器，并引导学生自主搭建实验装置

【过渡】实验装置搭建好，在进行实验之前我们要明确应该记录哪些实验数据，对哪些实验现象进行观察？

【活动元三】 基于数字化实验的酸碱中和滴定实验探究（18 min）

活动目标	活动形式	活动过程与结果	教师活动
知道酸碱中和过程中 pH 突跃的存在	讨论交流实验探究	【讨论】记录哪些实验数据？ 【实验并思考】搭建实验装置，将实验数据实时动态展示于大屏幕上，对实验数据进行观察，思考 pH 变化可以分为几个阶段？为什么会有这样的变化趋势？ 【讨论】阶段一：_____ 阶段二：_____ 阶段三：_____	实验开始之前引导认识清楚学生注意观察的实验现象，并记录实验数据，开始数字化实验，将突跃动态展示在大屏幕上

续表

活动目标	活动形式	活动过程与结果	教师活动
通过理论计算滴定过程中溶液的pH	讨论展示、深入探究、计算验证、小结	【深入探究】直观感受到滴定过程中 pH 的突跃,为什么会出现突跃? 能不能尝试用理论计算出体系 pH? 下面请同学计算反应中溶液的 pH。用 0.100 0 mol/L 的 HCl 溶液,滴定 20.00 mL 0.100 0 mol/L 的 NaOH 溶液,计算随 V(HCl)的变化,溶液的 pH 等于多少。 【误差分析】对于本次实验,有哪些地方容易造成实验误差?请同学们仔细复盘实验过程,尽量找出会产生误差的地方,在以后的实验中注意。 【小结】本节课我们在实验教材的基础上对实验装置进行了改进,并且能更直观地看到突跃,数字化实验不仅仅局限于 pH 传感器,希望同学们未来能够将数字化和化学联系得更紧密	1.分组讨论变化趋势的三阶段,探究每阶段的变化趋势的内因。追问:"能否理论计算出 pH 突跃?"做实验后,联系已有知识,复盘容易造成实验误差的操作,提升学生自省能力。 2. 引导学生完成知识的总结回顾,并鼓励学生,激发其学习兴趣

六、板书设计

酸碱中和滴定实验

实验原理:$H^+ + OH^- \mathrm{=\!=\!=} H_2O$

实验仪器:磁力搅拌器、酸式滴定管、pH 传感器

实验结果:滴定终点的判断

七、教学反思

(一)教学中的真问题

1. 教学实施过程

实验设备与外显设备的连接,实时动态展示滴定曲线的变化(这一步还可以优化)。

2. 学生真实问题

对于学生而言,新型实验装置的引入会给他们带来极大的兴趣,但学生自身对知识的掌握程度不一,对于装置的自主设计还存在一定困难,对于滴

定终点的突跃这一概念还需要花时间再进行阐述。

（二）改进提升思考

对于学生自主性的培养及实验设计的思考还可以更深入，不能仅局限于强酸强碱的滴定，若学生层次适合，可以多增加不同种类的酸碱滴定实验探究。

应用数字化实验的化学教学设计（四）

3-3 影响盐类水解的主要因素

成都市玉林中学 王聃

一、教学内容分析

（一）教学基本信息

学段	教材	教材章节	课时
高二	人教版高中化学选择性必修 1	第三章 第三节 盐类的水解	2 课时

（二）教材分析

1. 课标分析

（1）内容要求

认识盐类水解的原理和影响盐类水解的主要因素。

（2）学业质量水平要求

能从电离、离子反应、化学平衡的角度分析溶液的性质，如酸碱性等。认识盐类水解的原理，归纳影响盐类水解程度的主要因素，能举例说明盐类水解在生产、生活中的应用。

2. 教材编写分析

（1）教材地位与作用

本节课内容出现在 2019 人教版高中化学选择性必修 1《化学反应原理》第三章第三节第 2 课时。盐类水解平衡是溶液中的化学平衡之一，属于动态平衡的一种，"盐类的水解"一节将利用已学电离平衡的理论来揭示盐类水解的实质，同时帮助学生建构水解平衡的知识框架。本节内容是本章的教学重点和难点，是学生对弱电解质的电离平衡、水的电离平衡以及化学平衡移动原理等知识的综合应用，《课程标准》（2017 版）中明确要求学生初步了解盐类水解的规律，也正是本课时重点讨论的影响盐类水解的主要因素。本课时探讨影响盐类水解的主要因素，侧重于盐类水解达到平衡后，外界条件对盐类水解的影响，尤其是温度和浓度等外因的影响。

盐类的水解是后续学习第四章"化学反应与电能"的必备基础。从知识结构上讲，盐类水解平衡是继弱电解质电离平衡体系之后的又一个电解质溶液的平衡体系，利于学生形成完整的电解质溶液的平衡体系概念。

（2）教材素材处理说明

教材设计中，对于抽象的"影响盐类水解的主要因素"，更多是从化学平衡原理，或定性实验中观察溶液颜色变化等进行分析，许多学生理解起来存在较大的困难。如果在这一部分的教学中利用直观手段，如数字化实验，许多抽象的难点问题就可以迎刃而解，同时启发学生的思维，深化对盐类水解过程本质的认识。

（三）落实学科核心素养分析

本节课重点活动紧紧围绕化学学科核心素养展开，通过学生对醋酸钠水解方程式的分析和理论预测，体会"能依据物质的微观结构描述或预测物质的性质和在一定条件下可能发生的化学变化，能评估某种解释或预测的合理性；能从宏观与微观的结合对物质及其变化进行分类和表征"，同时体验"运用化学反应原理分析影响化学变化的因素"这一探究化学微观世界的常用方法；数字化实验测定外因对醋酸钠水解平衡的影响，让学生"能从定性与定量结合上收集证据，学生能通过定性分析和定量计算步骤推出合理的结论"，从不同方面理解盐类水解平衡，培养学生用辩证的观点看问题的能力。引导学生关注水溶液体系的特点，结合实验现象、数据等证据素材，引导学生形成认识水溶液中离子反应与平衡的基本思路。

（四）学科核心素养和本课目标关联分析

1. 通过对三种等浓度 Na_2CO_3、$NaHCO_3$、CH_3COONa 盐溶液 pH 呈碱性且数值大小不同的分析，从物质的微观层面理解其组成、结构和性质的联系，形成结构决定性质，性质决定应用的观念；初步掌握运用符号表征物质性质的方法；能根据物质的微观结构预测物质在特定条件下可能具有的性质，并能解释其原因。本教学环节培养学生"宏观辨识与微观探析""证据推理与模型认知"等学科核心素养。

2. 在酸碱性对易水解盐 CH_3COONa 溶液的影响分析中，视频演示和实验数据的展示，让学生认识化学物质是在不断运动的，同时，物质的变化是有条件的；培养学生能从内因与外因等多角度分析物质化学变化的能力；在分析实验数据异常的情况时，能用对立统一、联系发展和动态平衡的观点考察电解质溶液中的化学变化。本教学环节培养学生"变化观念与平衡思想""科学探究与创新意识"等学科核心素养。

（五）学科核心素养和本课数字化实验设计关联分析

在探究温度、浓度对易水解盐溶液水解平衡移动的影响学习活动元中，利用所学的化学平衡和电离平衡理论知识，实践于易水解盐溶液中，培养学生初步收集各种证据，对物质的性质及其变化提出可能的假设的能力；数字化实验的引入，可以让学生基于证据进行分析推理，证实假设；同时，能解释证据与结论之间的关系，确定形成科学结论所需要的证据和寻找证据的途径；培养学生严谨求实的科学态度。本教学环节培养学生"变化观念与平衡思想""证据推理与模型认知"等学科核心素养。

二、学情分析

（一）已有基础

本节课为化学水平中等及以上层次学生设计。学生已学习离子方程式书写、化学平衡、弱电解质电离平衡、溶液的 pH 计算，以及盐类水解的实质及规则等知识，因此学生基本具备本节内容所需的理论基础。同时学生具备了一定的数据分析和推理能力、合作探究能力，实验动手能力。

（二）障碍点

这节课是对电离平衡理论、盐类水解知识和平衡移动理论的综合应用，对学生综合运用知识的能力要求较大。本节内容比较抽象，需要学生从感性和理性的角度辩证地理解盐类水解平衡移动，学生学习本节内容存在较大困难。同时，教师虽然在化学平衡教学中渗透了控制变量的方法，但在实验设计中，学生没有运用过控制变量的方法。

（三）发展点

本节内容为本章教学难点，不同学生在平衡体系的知识体系建构上存在差距，因此，学生能否积极主动获取知识就显得十分重要。同时，教师在课堂上应注重新、旧知识的联系，充分利用"宏观—微观—符号"三重表征系统，从学生现有的认知水平出发，引导学生利用手持实验直观、准确、实时、定量的特点，以数形结合为切入口，加强学生对水解反应本质的了解，突破本节难点。本节中实验与理论、理论与生活的联系，能让学生有积极参与的心态。

三、目标分析及重难点

（一）教学目标

1. 通过"测定数据—分析数据—图形分析—得出结论"的学习过程，了解实验数据一般的处理方法。

2. 利用化学平衡理论和电离平衡的因素分析，结合实验探究使学生认识并掌握影响盐类水解平衡的因素。

3. 通过对影响盐类水解因素的认识过程，培养学生养成理论分析与实验探究并重、严谨求实的科学态度。

4. 通过"提出问题—理论分析—实验验证—得出结论"的学习过程，帮助学生认识问题的本质，并掌握科学探究的方法。

（二）评价目标

1. 通过对学生小组合作实验，诊断并发展学生实验操作、交流互动、数据分析的高阶学科能力。

2. 通过对具体盐类物质水解影响因素由内到外的理论分析和实验数据分析，诊断并发展学生对勒夏特列原理的认识进阶和认识思路的结构化水平。

（三）教学重难点

教学重点：外因对盐类水解平衡的影响。

教学难点：浓度对盐类水解的影响

四、教学设计思路

（一）大概念：化学平衡——水解平衡

（二）数字化实验设计说明

1. 利用温度传感器、pH 传感器测定一定温度变化下的溶液 pH 变化趋势。

2. 利用滴速传感器、pH 传感器测定连续加水稀释过程中溶液的 pH。

（三）设计框架

真实情境	核心知识	核心问题	核心活动
同浓度的不同盐溶液的 pH 大小比较	弱电解质的电离平衡	同浓度的不同盐溶液的 pH 为何不同	结合弱电解质电离平衡移动分析
Na_2CO_3 的热溶液碱性更强，去污效果更好	升温有利于盐的水解	探究温度对 CH_3COONa 水解平衡移动的影响	从中和反应的热效应以及勒夏特列原理入手理论分析水解平衡移动的方向，同时辅以实验验证
盐的稀释有何影响	稀释有利于盐的水解	探究浓度对 CH_3COONa 水解平衡移动的影响	从同浓度不同强碱溶液稀释情况入手理论分析水解平衡移动的方向，同时辅以实验验证
改变易水解的盐溶液的酸碱度，对水解平衡的影响	增加反应物浓度，平衡正移，增加生成物浓度，平衡逆移	探究酸碱性改变对 CH_3COONa 水解平衡移动的影响	通过数字化实验图像分析平衡移动方向

五、教学过程

【情境引入】

通过上一节课的学习，我们知道 CH_3COONa 的水溶液呈酸性，可在食品中作为酸洗剂，而 NH_4Cl 的水溶液呈酸性，在工业中可用作废铁渣的除锈剂，这些化学试剂能为我们的生活服务，装 Na_2CO_3 的试剂瓶不能使用玻璃塞，其实也与盐类的水解有关，能水解的盐类物质千千万万，我们很有必要对盐类水解有更深一步的认识，趋利避害。

我们知道不同的盐溶液可能呈酸性、碱性或中性，那么同浓度酸碱不同溶液性是否有强弱之分呢？盐类的水解程度与哪些因素有关呢？

【活动元一】 探究 1 moL/L 不同溶液 pH （6 min）

活动目标	活动形式	活动过程与结果	教师活动
	独立完成、 交流评价、 书写过手、	【图片引入】 1 moL/L 的 Na_2CO_3、$NaHCO_3$、CH_3COONa 溶液 pH 1. 水解离子方程式 ＿＿＿＿＿＿ ＿＿＿＿＿＿＿＿＿ 同浓度三种溶液 pH 大小比较？ ＿＿＿＿ pH 大小原因分析：（建议从弱电解质的电离平衡移动入手） ＿＿＿＿＿＿＿＿＿ ＿＿＿＿＿＿＿＿＿ （已知：H_2CO_3 $K_{a1} = 4.30 \times 10^{-7}$ $K_{a2} = 5.61 \times 10^{-11}$ CH_3COOH $K_a = 1.8 \times 10^{-5}$） 【小结】盐类水解的主要因素 ＿＿＿＿＿＿ 【练习】同浓度的 Na_2CO_3、$NaHCO_3$、Na_2SO_3、$NaHSO_3$、$NaClO$ pH 大小比较 ＿＿＿＿＿＿＿ （已知：H_2CO_3 $K_{a1} = 4.30 \times 10^{-7}$ $K_{a2} = 5.61 \times 10^{-11}$ H_2SO_3 $K_{a1} = 1.54 \times 10^{-2}$ $K_{a2} = 1.02 \times 10^{-7}$ $HClO$ $K_a = 3 \times 10^{-8}$）	播放 PPT，提出问题："从图片上不同溶液的 pH 可以推测出强碱弱酸盐的盐溶液的 pH 受什么因素影响？""如何影响盐溶液的酸碱性？"引导学生从弱电解质的电离平衡入手分析预测盐溶液的酸碱性，展示学生的方案，鼓励学生小组讨论，教师评价

【情境引入】

盐溶液的酸碱性强弱除了与自身有关外，还与哪些外界因素有关呢？

生活中，Na_2CO_3 的热溶液碱性更强，去污效果更好，影响盐水解的外界因素又有哪些？如何影响？

【活动元二】 探究温度对 CH_3COONa 水解平衡移动的影响（12 min）

活动目标	活动形式	活动过程与结果	教师活动
实验探究温度对盐类水解平衡的影响	独立思考大胆预测交流评价 小组实验图像分析总结评价	【填空】CH_3COONa 水解离子方程式： _____ 【理论预测】升高溶液温度，_____（促进或抑制）盐的水解。 【理论推理及分析】（建议从水解的逆反应及勒夏特列原理入手） _____ 【分组实验1】取 1 mol/L CH_3COONa 50 mL 于 100 mL 烧杯中，放置在磁力搅拌器上，连接温度传感器、pH 传感器、数据采集器，开动搅拌器的同时开启数据采集器测定一定温度下（20~50 ℃）溶液的 pH。 【讨论】分析 T-pH 图像，我们的收获： 溶液温度升高，_____（促进或抑制）盐的水解 【小结】温度对盐类水解的影响：_____	播放 PPT，提出问题："升高溶液温度，_____盐的水解平衡如何移动？""能从什么角度预测平衡移动的方向？"，引导学生从水解的逆反应及勒夏特列原理入手，鼓励学生讨论实验方案，教师评价并完善实验方案

【过渡】 影响化学平衡的因素除温度外，还有浓度等，那么浓度如何影响水解平衡的移动呢？

【活动元三】 探究浓度对 CH_3COONa 水解平衡移动的影响（11 min）

活动目标	活动形式	活动过程与结果	教师活动
实验探究稀释对盐类水解平衡的影响	独立思考大胆预测交流评价	【理论预测】溶液稀释，_____（促进或抑制）盐的水解 【理论推理及分析】（建议以同浓度不同弱碱溶液稀释情况为参照） _____ _____	提出问题："稀释溶液，CH_3COONa 等盐溶液的水解平衡如何移动？""如何改变溶液的浓度"，引导学生从勒夏特列原理入手，鼓励学生讨论实验方案，教师评价并完

续表

活动目标	活动形式	活动过程与结果	教师活动
	小组实验、图像分析、总结评价	【分组实验 2】取 1 mol/L CH_3COONa 20 mL 于 200 mL 烧杯中，放置在磁力搅拌器上，用滴数传感器准确测量加入的蒸馏水体积，连接 pH 传感器，数据采集器，开动搅拌器的同时开启数据采集器测定连续加水稀释过程中溶液的 pH。 【讨论】分析 $V(H_2O)$ -pH 图像，我们的收获： _____ 溶液稀释，_____（促进或抑制）盐的水解 【讨论】稀释过程中，溶液的碱性变化趋势： _____ 【理论推理及分析】 _____ 【小结】浓度对盐类水解的影响：_____	善实验方案

【过渡】调节溶液的酸碱性是否对盐的水解有影响呢？

【活动元四】 探究酸碱性改变对 CH_3COONa 水解平衡移动的影响（11 min）

活动目标	活动形式	活动过程与结果	教师活动
实验探究加酸加碱对盐类水解平衡的影响	得出结论、提出问题、小组讨论、交流评价、解决问题	【播放视频及结果展示】 【总结】分析 $V(HCl)$ -pH、$V(NaOH)$ -pH 图像，我们的收获： 向 CH_3COONa 溶液加酸，_____（促进或抑制）盐的水解 向 CH_3COONa 溶液加碱，_____（促进或抑制）盐的水解 【讨论】盐酸加入过程中，pH 为何先短暂升高后变小？ _____ _____ 【理论推理及分析】（建议结合盐酸特点入手） _____ 【总结】小组讨论，总结影响盐类水解的主要因素。	播放课前实验视频，图片展示实验结果，引导学生分析实验数据及图像趋势。提出问题："盐酸加入过程中，pH 值为何是先短暂地升高后变小"，引导学生多角度分析。学生展示后评价并鼓励学生，激发学习兴趣

续表

活动目标	活动形式	活动过程与结果	教师活动
		【课堂巩固练习】向 CH_3COONa 稀溶液中加入（或通入）少许 X 物质，其溶液中部分微粒的浓度变化如表所示（溶液温度不变）。X 物质是下列物质中的（　　） | 微粒	H^+	OH^-	CH_3COO^-	CH_3COOH
---	---	---	---	---
物质的量浓度	增大	减小	减小	增大	 A. 氢氧化钠　　　B. 氯化氢 C. 蒸馏水　　　　D. 磷酸钠 【课后思考】调节 Na_2CO_3 溶液的酸碱性，对 Na_2CO_3 溶液的水解平衡有何影响	

六、板书设计

影响盐类水解的主要因素

1. 内因（主要原因）：越弱越水解

2. 外因（次要原因）：其他原因不变

　　　　　　　　温度：越热越水解

　　　　　　　　浓度：越稀越水解

　　　　　　　　水解显碱性的盐溶液，加碱会抑制水解，加酸会促进水解。

七、教学反思

（一）教学中的真问题

1. 教学实施过程

本课时内容难度较大，设计了 2 个数字化学生实验，耗时较多，教学时间安排较紧，留给学生思考交流的时间不多，更加需要优化教学设计。

2. 学生真实问题

本课时内容难度较大，内容较多，学生基础不一，在教学过程中，通过对不同层次学生分组，尽量让所有学生跟上教学进度，在平时教学中，学生对数值化实验仪器不是很熟悉，需要提前让学生了解熟悉。

（二）改进提升思考

高中化学教学中，传统实验和数字化实验优势互补，不存在孰优孰劣之分，本节课是将高中化学教学中一个抽象的难于理解的"无形""非常规"实验通过数字化实验直观、动态地以图表、数据等方式呈现出来，实验结果直观明了、说服力强；要想充分发挥数字化实验的优点，需要教师在课前有充分的准备，对传统实验进行"二次开发"。

应用数字化实验的中学化学教学设计（五）

4-3　金属的腐蚀与防护

成都石室天府中学　周　玲

一、教学内容分析

（一）教学基本信息

学段	教材	教材章节	课时
高二	人教版高中化学选择性必修1	第四章　第三节　金属的腐蚀与防护	1课时

（二）教材分析

1. 课标分析

（1）内容要求

了解金属发生腐蚀的本质，知道金属腐蚀的危害，了解防止金属腐蚀的措施。

（2）学业质量水平要求

能利用电化学原理解释金属腐蚀现象，选择并设计防腐措施。

2. 教材编写分析

（1）教材地位与作用

本节课选自人教版选择性必修1化学反应原理第四章第三节，是高中化学的难点之一。一方面，这是在学习了普通化学腐蚀的基础上，对金属腐蚀作用的进一步深入和拓展；另一方面，为学习其他知识奠定了基础，鉴于这种认识，本节课不仅有着广泛的实际应用，而且起着承前启后的作用。

（2）教材素材处理说明

教材中证明金属发生吸氧腐蚀和析氢腐蚀采用气压变化引起 U 形管中液柱变化的方式来证明。众所周知，吸氧腐蚀是普遍存在的，如果析氢腐蚀产生氢气的量不敌消耗氧气的量，那么析氢腐蚀将无法被证明。即便是发生了气压变大的现象，伴随发生的吸氧腐蚀无法被证明，所以，氧气传感器和气压传感器的使用才能将微观的变化用数据的方式呈现出来。

（三）落实学科核心素养分析

本节课的重点活动紧紧围绕化学学科核心素养展开，通过探究钢铁腐蚀的本质，体现"能初步学会收集各种证据，对物质的性质及其变化提出可能的假设；基于证据进行分析推理，证实或证伪假设；能解释证据与结论之间的关系，确定形成科学结论所需要的证据和寻找证据的途径"；让学生体验"发现和提出有探究价值的化学问题，能依据探究目的设计实验方案，完成实验操作，能对观察记录的实验信息进行加工并获得结论；能和同学交流实验探究的成果，提出进一步探究或改进实验的设想；能尊重事实和证据，不迷信权威，具有独立思考、敢于质疑和批判的创新精神"

（四）学科核心素养和本课目标关联分析

1. 通过几个重要电极反应方程式的书写，诊断学生化学用语表达以及从微观角度认识化学反应的认知水平。培养学生"宏观辨识与微观探析"的学科核心素养。

2. 通过铁粉的析氢腐蚀和吸氧腐蚀探究活动，诊断学生发现问题，解决问题的高阶学科能力和思维。培养学生"证据推理和模型认知"的学科核心素养

3. 通过小组合作探究，诊断并发展学生的交流互动、实验操作和科学质疑的精神。培养学生"科学态度和社会责任"的学科核心素养。

（五）学科核心素养和本课数字化实验设计关联分析

在金属腐蚀原理探究的活动元中，吸氧腐蚀是普遍存在的，如果析氢腐蚀产生氢气的量不敌消耗氧气的量，那么析氢腐蚀将无法被证明。即便是产

生了气压变大的现象，伴随发生的吸氧腐蚀无法被证明，所以，氧气传感器和气压传感器的使用才能将微观的变化用数据的方式呈现出来。培养学生"宏观辨识与微观探析""证据推理和模型认知""科学态度和社会责任"的学科核心素养。

二、学情分析

（一）已有基础

学生已经在初中阶段初步学习了金属的腐蚀与防护，并在高中阶段已经系统学习了电化学知识，具备分析简单原电池和电解池电极反应的能力；具备简单的实验操作能力；对实物和生活常识感兴趣。

（二）障碍点

对电化学知识的应用缺乏见识和思考。对各类传感器的数据分析和结论得到的能力缺乏训练。合作探究能力有待提高。

（三）发展点

借助数字化实验弥补传统实验证据的缺陷。转变学生的学习方式，为学生开展研究性学习提供技术手段，培养学生科学探究与创新意识，同时锻炼学生图像分析和数据处理能力，培养证据推理等素养。

三、目标分析及重难点

（一）教学目标

1. 了解金属腐蚀带来的危害，认识防止金属腐蚀的重要意义。

2. 了解化学腐蚀和电化学腐蚀的含义，理解电化学腐蚀发生的条件，能理解金属发生电化学腐蚀的原因。

3. 通过数字化实验，认识钢铁的吸氧与析氢腐蚀发生的条件和原理，会书写电极反应式和总反应式。

4. 通过实验探究防止金属腐蚀的措施，了解常见的防止金属腐蚀的方法，并能解释其中的原因。

（二）评价目标

1. 通过学生对几个重要电极反应方程式的书写，评估其化学用语表达以及从微观角度认识化学反应的认知水平。

2. 通过铁粉的析氢腐蚀和吸氧腐蚀探究活动，评估学生发现问题、解决问题的高阶学科能力和思维。

3. 通过小组合作探究，评估并发展学生的交流互动、实验操作和科学质疑的精神。

（三）教学重难点

教学重点：钢铁发生电化学腐蚀原理的认知及用化学语言表达微观变化，运用电化学知识探索钢铁或金属防腐蚀的方法。

教学难点：通过电化学原理分析并得出金属防腐蚀的方法。

四、教学设计思路

（一）大概念：电化学

（二）数字化实验设计说明

1. 将 PASCO 氧气传感器和压强传感器一同置于大号橡胶塞中，一同测定置于广口瓶中的铁粉、碳粉、稀 HCl（NaCl、NaOH 溶液）与空气的混合密闭体系，观察在不同电解质条件下的腐蚀过程。

2. 用手机投屏功能向学生展示实验的实时数据。

（三）设计框架

真实情境	核心知识	核心问题	核心活动
钢铁腐蚀现状	钢铁腐蚀的本质和防护措施	生活中钢铁腐蚀的主要类型	观察在不同电解质条件下的腐蚀过程

五、教学过程

课前案 温故知新（2 min）

活动形式	活动过程与结果	活动目的
自主预习	1. 回顾原电池原理的相关知识。 2. 阅读选修 4 教材 p84~85，并思考下列小题。 （1）金属的腐蚀有哪些类型，如何进行区分？ _____ （2）金属的电化学腐蚀原理：_____ （3）金属电化学腐蚀的主要类型：_____ 和 _____	激发学生的学习乐趣和社会责任感

课中案　孜孜以求

活动元一　金属腐蚀原理探析（22 min）

活动目标	活动形式	活动过程与结果	教师活动
认识、区别化学腐蚀和电化学腐蚀的含义 认识并建构电化学腐蚀发生的条件及金属发生电化学腐蚀的原因	自主归纳合作实验观察记录对比分析思考练习	【引入】展示金属腐蚀的现状。 【任务1】明确金属腐蚀的本质、类型，以及电化学腐蚀的类型。（学生汇报，并完成梳理） 金属腐蚀的本质：＿＿＿＿＿＿＿＿ 金属腐蚀的类型：＿＿＿＿＿＿＿＿ 【任务2】观察实验，验证金属发生析氢腐蚀和吸氧腐蚀的条件。 [实验1] 通过氧气和气压传感器联合使用的方式，测量密闭容器中铁粉、碳粉混合物在不同电解质溶液的条件下发生腐蚀 现象：在酸性（1 mol/L 盐酸）条件下含氧量＿＿＿＿＿，气压＿＿＿＿＿＿；在弱酸性（0.2 mol/L 醋酸溶液）条件下含氧量＿＿＿＿＿，气压＿＿＿＿＿＿；在中性（1 mol/L 氯化钠溶液）条件下含氧量＿＿＿＿＿，气压＿＿＿＿＿＿；在碱性（1 mol/L 氢氧化钠溶液）条件下含氧量＿＿＿＿＿＿＿，气压＿＿＿＿＿＿； [结论1]：＿＿＿＿＿＿＿＿＿＿＿＿ 【任务3】请书写析氢腐蚀和吸氧腐蚀的电极反应和总反应式。 表格见下 氢氧化亚铁会和氧气继续反应，请书写反应的化学方程式：＿＿＿＿＿＿＿＿＿＿＿	以传感器为载体，完成实验。通过认识钢铁的吸氧腐蚀与析氢腐蚀发生的条件和原理，发展宏观辨识与微观探析的核心素养以及科学的态度 引导学生根据实验现象思考回答问题

	析氢腐蚀	吸氧腐蚀
负极		
正极		
总		

活动元二　探究金属防护的措施（18 min）

活动目标	活动形式	活动过程与结果	教师活动
探究防止金属腐蚀的措施 认识常见的防止金属腐蚀的方法并对其作出解释	思考 交流 合作 实验 观察 记录 对比 分析 应用 练习	【任务1】金属的腐蚀原理已经基本清楚了，结合生活中的例子，谈谈如何进行防护呢？（可以以一辆自行车的保护为例来分析）。 学生回答：可能是涂油漆，加保护膜等方式。教师补充。 【任务2】大家已经认识到电化学腐蚀的原因是在金属表面形成了微电池，反过来，人们也能利用原电池原理来保护金属。请通过下面一组实验，判断哪组实验可以保护金属，并分析原因。 [实验2]分别在滴有酚酞和铁氰化钾的琼脂中加入缠有锌片的铁钉和缠有铜丝铁钉，观察现象。 [现象2]：＿＿＿＿＿＿＿＿＿＿＿＿＿＿＿＿ [结论2]：＿＿＿＿＿＿＿＿＿＿＿＿＿＿＿＿ 【任务3】阅读教材 p86～87 外加电流的阴极保护法。思考：被保护的金属与外加电源的哪一极相连？ ＿＿＿＿＿＿＿＿＿＿＿＿＿＿＿＿＿＿＿＿＿ 应用：＿＿＿＿＿＿＿＿＿＿＿＿＿＿＿＿＿＿ 【任务4】：若要保护铁，请在图中标出两极的材料，并说明理由。 	引导学生观察现象，思考并回答问题；教师追问并评价

续表

活动目标	活动形式	活动过程与结果			教师活动
回顾总结	学生思考回答。	[小结]			评价学生回答。
			牺牲阳极法	外加电流法	
		保护方法	使被保护的金属与比它活泼的金属接触，被保护的金属做正极	使被保护的金属与电源负极接触，被保护的金属做阴极	
		保护电流	较小	较大	
		注意事项	负极（阳极）材料需要定期更换	辅助阳极需要定期检查	

六、板书设计

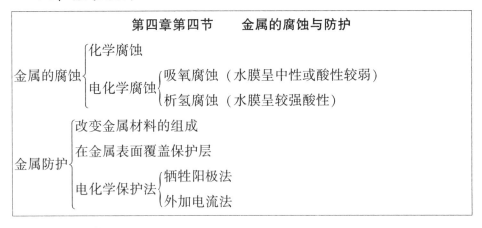

七、教学反思

（一）教学中的真问题

1. 教学实施过程

内容安排较多，学生接受的能力不一；实验必须做到一次成功，否则教学效果就大打折扣；给学生多一些思考的空间和时间。

2. 学生真实问题

对新鲜事物的好奇大于对知识的接受的意识，学习能力有待加强。

（二）改进提升思考

精炼语言，实验设计更科学化、高效化；平时多给学生操作、表达的机会。

应用数字化实验的中学化学教学设计（六）
4-2 富集在海水中的元素——氯

成都石室天府中学 曾大兵

一、教学内容分析
（一）教学基本信息

学段	教材	教材章节	课时
高一	人教版高中化学必修1	第四章 第二节 富集在海水中的元素——氯	1课时

（二）教材分析

1. 课标分析

（1）内容要求

了解氯气的物理性质和用途，掌握氯气的化学性质及在实验室中氯气的制取。

（2）学业质量水平要求

通过观察、分析实验现象，培养学生观察和分析问题的能力。

2. 教材编写分析

（1）教材地位与作用

教材首先介绍了氯气的物理性质，然后以"实验探究"的形式研究了氯气与钠、铁、铜、水和碱溶液反应的化学性质。在此基础上，介绍了氯气在生活、生产中的重要应用，并以"拓展视野"的形式介绍了新型灭菌消毒剂——二氧化氯。旨在达到以氯气及其化合物的性质为例，体会并初步掌握实验探究元素及其化合物性质的基本方法，能运用发展的、相互联系的、对立统一的观点理解化学变化，认识化学理论与方法对人类生产、生活和科学研究的积极影响之目的。

（2）教材素材处理说明

"氯气"是人民教育出版社的全日制高中课程标准《化学1（必修）》第四章第二节《富集在海水中的元素——氯》的第一课时内容。氯是一种比较典型的重要非金属元素。教材选择对氯气的性质、用途及氯的检验等内容进行比较全面地学习和研究，不但可以让学生了解典型非金属单质及其化合物的性质，而且对学生全面认识化学元素，尤其是了解其他非金属元素及其化合物的性质，形成正确的化学观点，掌握正确的化学学习方法等具有重要的作用。氯是富集在海水中的一种元素，资源丰富。同时，学生对食盐、漂白粉等含氯的化合物非常熟悉，与日常生活比较贴近，学习时容易使学生产生一种亲近感，有一种似曾相识的感觉，以此让学生产生强烈的求知欲望，有效地降低了学习的难度，较好地体现了化学教学人文关怀。

（三）落实学科核心素养分析

本节课的重点活动紧紧围绕化学学科核心素养展开，通过学生对向红色石蕊试纸或 pH 试纸上注射氯水后试纸褪色原因的探析，发展学生宏观辨识与微观探析的核心素养以及科学的态度，体现"能初步学会收集各种证据，对物质的性质及其变化提出可能的假设；基于证据进行分析推理，证实或证伪假设；能解释证据与结论之间的关系，确定形成科学结论所需要的证据和寻找证据的途径"的教学目标；通过学生对向红色石蕊试纸或 pH 试纸上注射氯水后试纸褪色原理探析，让学生"发现和提出有探究价值的化学问题，能依据探究目的设计实验方案，完成实验操作，能对观察记录的实验信息进行加工并获得结论"；能和同学交流实验探究的成果，提出进一步探究或改进实验的设想。

通过引导学生提出问题、思考问题、提出假设、实验验证假设、得出结论，切实开展师生、生生科学探究活动，充分做到将课堂还给学生；让学生真实经历探究过程，体验科学探究的魅力。

（四）学科核心素养和本课目标关联分析

1. 通过向红色石蕊试纸或 pH 试纸上注射氯水后试纸褪色原因的探析，让学生自主归纳、讨论交流可能的验证方案，提出猜想，初步形成"发现和提出有探究价值的化学问题，能依据探究目的设计实验方案，完成实验操作，能对观察记录的实验信息进行加工并获得结论"的能力；能和同学交流实验探究的成果，提出进一步探究或改进实验的设想。

2. 通过对向红色石蕊试纸或 pH 试纸上注射氯水后试纸褪色原理的探析，让学生"发现和提出有探究价值的化学问题，能依据探究目的设计实验方案，完成实验操作，能对观察记录的实验信息进行加工并获得结论"。

（五）学科核心素养和本课数字化实验设计关联分析

通过对向红色石蕊试纸或 pH 试纸上注射氯水后试纸褪色原因和原理的探析，利用氯的相关物质的性质，培养学生基于事实、基于物质性质提出猜想，设计实验方案，行为跟进的学习探究历程的意识，培养学生基于证据进行分析推理，证实猜想的能力；并且，能解释证据与结论之间的关联。通过这些培养学生"宏观辨识与微观探析""证据推理与模型认知""实验探究与创新意识"等学科核心素养。

二、学情分析

（一）已有基础

学生在初中阶段对非金属元素的性质了解不多，只学习了氧元素的性质。在本课时的学习之前，学生学习了几种重要金属的性质和一种非金属——硅的性质，基本可以运用原子结构的基本理论分析浅层的元素性质。基于此情况预测，学生依据氯元素的最外层有 7 个电子，可以推测出氯元素是一种活泼的非金属元素，最常见的化合价是−1 价。由此，设计合适的情境和问题，学生就可以分析、归纳出氯气的各种性质。

另外，高一学生好奇心重、记忆力强，并且大多数的学生已具备一定观察、比较、分析和动手的能力，也初步具备了设计实验方案的能力和动手操作的能力。

（二）障碍点

少数学生基础薄弱，缺乏对元素知识学习的方法，学习效率低；同时由于学生知识水平有限，较难理解氯水中既有氯气单质的性质，又有盐酸和次氯酸的性质；对各类传感器的数据分析和结论得出的能力缺乏训练；合作探究能力有待提高。

（三）发展点

借助数字化实验弥补传统实验证据的缺陷；转变学生的学习方式，为学生开展研究性学习提供技术手段，培养学生科学探究与创新意识；锻炼学生图像分析和数据处理能力，培养证据推理等素养；培养学生进一步观察、分析、归纳的能力。

三、目标分析及重难点

建构主义理论认为，"学习不应该被看成是对于教师授予知识的被动接受，而是学习者以自身已有的知识和经验为基础主动的建构活动"。基于建构主义理论的指导，本设计以层层递进的问题式教学为主，辅助以实验、幻灯片、讨论、归纳等教学手段，引导学生发现问题，让学生在合作、交流中解决问题，体验科学探究的过程，提升自己的创新能力。

（一）教学目标

1. 认识氯气与水的作用，培养学生自主观察总结能力。

2. 通过氯水对试纸漂白的学习，使学生热爱生活、热爱化学。

（二）评价目标

1. 经历从具体情境中抽象出氯水的性质并能正确地理解和表述氯水的性质。

2. 根据预测结果，设计实验方案并实施，探究一些化学性质；通过以问题为驱动的自主实验探究过程，培养类比推测、分析解决问题、观察以及实验综合的能力；提升实验探究与创新精神的化学学科素养。

（三）教学重难点

重点：氯水使红色石蕊试纸或 pH 试纸褪色的原因分析。

难点：氯水使红色石蕊试纸或 pH 试纸褪色的原理分析。

四、教学设计思路

（一）大概念：物质组成与分类

（二）数字化实验设计说明

为了更直观地呈现实验效果，本实验采用将 PASCO 氧气传感器和 pH 传感器一同置于三颈烧瓶中，一同测定置于三颈烧瓶中的氯水与三颈烧瓶外的光照和品红溶液的体系；再采用手机投屏功能向学生展示实验的实时数据。

（三）设计框架

真实情境	核心知识	核心问题	核心活动
向红色石蕊试纸或 pH 试纸上注射氯水，试纸变红后会褪色	氯气与水反应	向红色石蕊试纸或 pH 试纸上注射氯水，是什么物质导致试纸褪色	观察氯水在光照下氧气和 pH 的变化

五、教学过程

课前案 温故知新（2 min）

活动形式	活动过程与结果	教师活动
自主预习	1. 回顾氯气与水反的相关知识。 2. 分组实验：向红色石蕊试纸或 PH 试纸上注射氯水。 3. 分组讨论：氯水变红后褪色的原因	激发学生的学习乐趣和社会责任感

课中案 孜孜以求

【活动元一】 褪色原因探析（16 min）

活动目标	活动形式	活动过程与结果	教师活动
探究氯水褪色的可能原因	自主归纳 合作实验观察记录 分组讨论 提出猜想	【引入】氯水的成分。 【任务 1】明确氯水体系中的微粒。（学生汇报，并完成梳理） 氯水的成分：＿＿＿＿＿＿＿＿＿＿ 各自的性质：＿＿＿＿＿＿＿＿＿＿ 【任务 2】观察实验，讨论：向红色石蕊试纸或 pH 试纸上注射氯水变红后褪色的原因。（学生汇报，并完成梳理） 学生讨论、汇报： {表格见下}	以传感器为载体，完成实验。通过向红色石蕊试纸或 pH 试纸上注射氯水褪色原因探析，发展学生宏观辨识与微观探析的核心素养以及科学的态度

学生讨论、汇报：

我的观点	验证方案	取得的证据	结论
发生了反应，氯水中可能存在微粒＿＿＿	①		
	②		
	③		
	……		

造成试纸褪色的粒子是什么？

猜想：氯水有漂白性粒子	验证方案	取得的证据	结论
假设一：Cl_2			
假设二：HCl			
假设三：H_2O			
假设四：HClO			

【活动元二】 褪色原理探析（24 min）

活动目标	活动形式	活动过程与结果	教师活动
通过实验探究辨析氯水褪色原理	实验验证	【任务1】探究假设一：Cl_2； 【实验1】如图所示（图1），使用简易装置快速制备氯气，让氯气分别接触干燥的红纸和湿润的红纸。学生观察现象，讨论分析，得出结论。 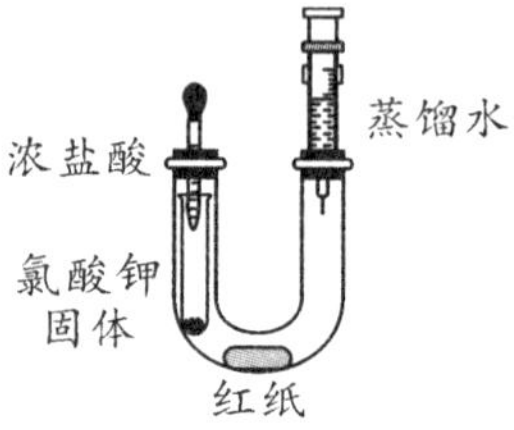 图1 制备氯气 【结论】通过实验，我们得出结论：氯气本身无漂白性，氯气与水反应的产物有漂白性。	以真实的实验情境为载体，通过通过向红色石蕊试纸或pH试纸上注射氯水褪色原理探析，发展学生求真务实的科学态度
	合作实验观察记录	【任务2】探究假设四：HClO； 【实验2】如图所示（图2），提前将制备好的氯水置于阳光下，此时学生进行实验现象、数据的观察分析。 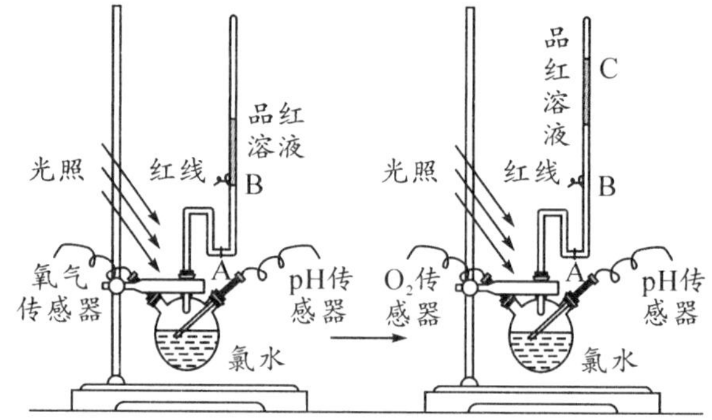 图2 HClO分解的数字化实验 【结论】我们通过pH传感器数据（图3）发现溶液光照后呈酸性，通过氧气传感器数据（图4）发现有光照后氧气浓度增大产生，结合相关信息（表2）说明次氯酸光照分解生成氧气和盐酸。	

活动目标	活动形式	活动过程与结果	教师活动
解决问题		（25.83，1.2952） 图3 pH 传感器数据 （21.4，21.184） 图4 氧气传感器数据 表2 氯系含氧酸的热稳定性	引导学生进行图像分析

表2 氯系含氧酸的热稳定性

物质	热稳定性
高氯酸（$HClO_4$）	在室温下分解，加热则爆炸，产生氯化氢气体
氯酸（$HClO_3$）	浓度在30%以下的氯酸冷溶液都是稳定的，超过40%时会发生分解，并剧烈爆炸，产物有 $HClO_4$、H_2O、O_2、Cl_2、ClO_2
亚氯酸（$HClO_2$）	很不稳定，容易分解，产物有 Cl_2、ClO_2、HC_2O
次氯酸（$HClO$）	很稳定，只存在于水溶液中，在光照条件下分解生成 HCl 和 O_2
结论：氯系含氧酸的热稳定性规律是 $HClO_2 < HClO < HClO_3 < HClO_4$	

六、板书设计

试纸褪色之谜的探究
1. 向红色石蕊试纸或 pH 试纸上注射氯水后试纸褪色原因探析
2. 向红色石蕊试纸或 pH 试纸上注射氯水后试纸褪色原理探析

七、教学反思

（一）教学中的真问题

1. 教学实施过程

学生接受的能力不一，实验必须事先反复演练，必须做到一次成功，否则教学效果就大打折扣；给学生多一些思考的空间和时间，让学生真正在学习经历中去感悟知识，去自然生成学科素养。

2. 学生真实问题

学生实际操作能力有待提高，对新鲜事物的好奇大于对知识的接受度，学习能力有待加强。

（二）改进提升思考

有机会尽量去实验室教学，真实的实验情境是最好的教学素材，学生在真实情境中经历、感悟后自然生成的学习意识才是真正的学科核心素养。

应用数字化实验的中学化学教学设计（七）

3-1 铁的重要化合物

成都石室天府中学 钟瑞雄

一、教学内容分析

（一）教学基本信息

学段	教材	教材章节	课时
高二	人教版高中化学必修 1	第三章 第一节 铁及其化合物 第二部分 铁的重要化合物	1 课时

（二）教材分析

1. 课标分析

（1）内容要求

通过实验探究，了解铁的重要化合物的主要性质；了解 $Fe(OH)_2$ 的制备方法；掌握 Fe^{2+}、Fe^{3+} 的检验方法及其相互转化；掌握铁三角的相互转化。

（2）学业质量水平要求

了解铁的重要化合物的主要性质及应用；了解 $Fe(OH)_2$ 的制备方法；能用化学方程式、离子方程式正确表示铁的主要化学性质。

2. 教材编写分析

（1）教材地位与作用

铁的重要化合物是对元素化合物知识的补充，是铁单质化学性质知识的延伸和发展。铁的化合物是元素化合物知识中的核心知识之一，是学生在日常生活和工作中经常接触，需要了解和应用的基本知识。

（2）教材素材处理说明

教材通过铁的氢氧化物的制备实验，让学生体会对比实验的作用，学会用比较的方法学习元素化合物的知识。氢氧化亚铁的制备中，水中溶解氧的影响不能通过直接的方法进行观察，所以，引入溶解氧传感器定量监测溶液中溶解氧的变化情况，以此了解到氢氧化亚铁的氧化过程伴随了溶液中溶解氧的变化，让学生更加直观认识到水中氧气对实验的影响，使学生更加理解该反应过程，并在此基础上进行实验的优化设计。

（三）落实学科核心素养和本课目标关联分析

本节课的重点活动紧紧围绕化学学科核心素养展开，通过分小组探究铁及其化合物性质，体现"能初步学会收集各种证据，对物质的性质及其变化提出可能的假设；基于证据进行分析推理，证实或证伪假设；能解释证据与结论之间的关系，确定形成科学结论所需的证据和寻找证据的途径"的教学目标；让学生"发现和提出有探究价值的化学问题，能依据探究目的设计并优化实验方案，完成实验操作，能对观察记录的实验信息进行加工并获得结论；能和同学交流实验探究的成果，提出进一步探究或改进实验的设想；

能尊重事实和证据，不迷信权威，具有独立思考、敢于质疑和批判的创新精神"。

（四）学科核心素养和数字化实验设计关联分析

通过使用溶解氧测定器进行溶解氧的测定，体验数字化实验在中学实验中的应用。了解科学探究的基本方法，初步培养学生的科学探究能力，培养学生的科学探究与创新意识。对氢氧化亚铁氧化过程进行数字化实验设计，让学生充分动手和动脑，寻找证据，完成对猜想的证实。本课程培养了学生"证据推理和模型认知"等核心素养。

二、学情分析

（一）已有基础

学生在初中学习过铁与氧、酸与盐的反应，对铁的氧化物、铁盐有一定的感性认识，对元素及其化合物知识有一定的了解，有一定的化学认知水平。在本课程的学习前，学生已学习了一些基本的实验操作、物质分类、氧化还原和离子反应有关内容，具备一定的理论基础和能力水平。

（二）障碍点

铁的化合物实验是必做实验，铁的重要化合物又是元素化合物中非常重要的内容，实验多、方程式多，学生掌握难度大。氢氧化亚铁的制备涉及的颜色变化，学生理解起来有难度。

（三）发展点

借助数字化实验弥补传统实验证据的缺陷。为学生开展研究性学习提供技术手段，培养学生科学探究与创新的意识，同时锻炼学生优化实验设计的能力。

三、目标分析及重难点

（一）教学目标

1. 通过对化学实验现象的观察进行适度地推理，建立证据意识，基于证据对物质的组成、结构及其变化提出可能的假设；通过分析推理加以证实，培养学生"证据推理和模型认知"的科学素养。

2. 通过完成相关实验探究，初步体验有序准确地观察实验现象，并能准确描述实验现象，尝试对实验现象进行分析、归纳；能使用溶解氧测定器进行溶解氧的测定，体验数字化实验在中学实验中的应用。了解科学探究的基本方法，初步培养学生的科学探究能力，培养学生的科学探究与创新意识。

3. 通过对铁及其化合物性质的研究，激发学生的求知欲望，培养学生认知细致和严谨求实的科学素养。通过对铁及其化合物在日常生活中用途的学习，理解掌握化学知识在社会生活中的重要作用，培养学生的科学态度与社会责任感。

（二）评价目标

1. 知道铁元素在自然界的存在形式，知道铁的氧化物的常见用途。

2. 知道氢氧化亚铁沉淀制备成功的关键。

3. 知道实验室检验 Fe^{2+}、Fe^{3+} 的常见试剂、操作、现象。

4. 理解 Fe^{2+}、Fe^{3+} 的相互转化。

（三）教学重难点

氢氧化亚铁的制备、性质，Fe^{2+} 和 Fe^{3+} 的转化及其检验。

四、教学设计思路

（一）大概念：元素及其重要化合物

（二）数字化实验设计说明

1. 将 PASCO 氧气传感器置于溶液中，测定溶解氧变化，呈现氢氧化亚铁被氧化的过程。

2. 采用手机投屏功能向学生展示实验的实时数据。

（三）设计框架

真实情境	核心知识	核心问题	核心活动
字谜、钢铁腐蚀	铁的重要化合物的主要性质；$Fe(OH)_2$ 的制备方法；Fe^{2+}、Fe^{3+} 的检验方法及其相互转化；铁三角的相互转化	氢氧化亚铁沉淀颜色变化原因及制备成功的关键	利用氧气传感器观察氢氧化亚铁溶液颜色变化过程中的氧气含量变化

五、教学过程

【情境引入】字谜——卫冕冠军未成功（1 min）

【活动元一】　对铁的氧化物进行分类（5 min）

活动形式	活动过程与结果	教师活动
独立完成 交流评价 书写	【归类】对铁的单质化合物等用价类二维表进行归类，提前补充介绍四氧化三铁的相关性质。 化合价 +3 ┄┄┄┄┄ Fe$_2$O$_3$—Fe(OH)$_3$—Fe$_2$(SO$_4$)$_3$— 　　　　　　Fe$_3$O$_4$ +2 ┄┄┄┄┄ FeO—Fe(OH)$_2$—FeSO$_4$— 　　　Fe 0 ┄ Fe　单质　氧化物　氢氧化物　盐　物质类别	播放 PPT，提出问题：如何用价类二维表对铁的化合物进行分类？引导学生从类别和化合价进行分类，展示学生的学案；学生互评，教师评价
	【阅读】教材 P66~67 内容。 【自主归纳】根据教材 P66~67 内容，完成学案中铁的氧化物性质的表格并订正。 <table><tr><td>氧化物</td><td>FeO</td><td>Fe$_2$O$_3$</td><td>Fe$_3$O$_4$</td></tr><tr><td>颜色状态</td><td></td><td></td><td></td></tr><tr><td>铁的价态</td><td></td><td></td><td></td></tr><tr><td>俗称</td><td>略</td><td></td><td></td></tr><tr><td>溶解性</td><td></td><td></td><td></td></tr><tr><td>属类</td><td>—— 氧化物</td><td>—— 氧化物</td><td>略（可看成 FeO·Fe$_2$O$_3$）</td></tr><tr><td>受热氧化</td><td></td><td>略</td><td>略</td></tr><tr><td>与稀 HCl、稀 H$_2$SO$_4$ 反应（离方）</td><td></td><td></td><td></td></tr><tr><td>用途</td><td>略</td><td>炼铁、油漆、铝热剂</td><td>炼铁、磁性材料</td></tr></table> 【学生互评、教师评价】＿＿＿＿＿＿＿＿	

【过渡】

Q1：铁有哪些氢氧化物？

Q2：铁的氢氧化物呈现什么颜色？

Q3：如何制备铁的氢氧化物？

【活动元二】 铁的氢氧化物的实验制备 （12 min）

活动形式	活动过程与结果			教师活动
	铁的氢化物			
	物质	$Fe(OH)_2$	$Fe(OH)_3$	
小组实验观察记录	颜色状态	____色固体	____色固体	提出问题：实验室如何制备氢氧化铁和氢氧化亚铁? 引导学生设计实验方案并分组实验，巡视教室，引导学生观察现象、提出问题、猜想原因
	属类	____元____溶____碱	____元____溶____碱	
	与稀 HCl、稀 H_2SO_4 反应(离方)			
现象分析	热稳定性	————————(隔绝空气)	————————	
小组实验	制备 · 操作	⊢NaOH ⊢FeCl₂	⊢NaOH ⊢Fe₂(SO₄)₃	
	制备 · 离方			
	制备 · 现象	____色沉淀→____色→____	生成____色沉淀	
小组讨论	置于空气中（化方）			

【小组实验】完成制备实验。
【猜想】$Fe(OH)_2$ 颜色变化是被氧气氧化?
【介绍氧气传感器】

【过渡】若想较长时间看到氢氧化亚铁白色沉淀，怎样改进实验?

【活动元三】　改进氢氧化亚铁制备实验（12 min）

活动形式	活动过程与结果				教师活动
提出问题 小组讨论 思考总结 交流评价 小组讨论	装置图	煮沸、冷却的 NaOH(aq)　新制 FeSO₄(aq)	煮沸、冷却的 NaOH(aq) 苯 新制 FeSO₄(aq)	稀 H₂SO₄　NaOH 溶液　铁粉　水	提出问题：若想较长时间看到氢氧化亚铁白色沉淀，怎样改进实验？以此引导学生归纳改进的点。归纳总结后，给出一种实验改进方案，引导学生思考改进方案的原理
	装置分析	①_____ ②_____ ③_____	①_____ ②_____	①先后发生的离方：_____ 先：_____ 后：_____ ②如何操作？	
	【讨论】若想较长时间看到氢氧化亚铁白色沉淀，怎样改进实验？ 【归纳】改进的点。 思路 1：用煤油等物质隔绝氧气； 思路 2：用蒸馏水配置氢氧化钠、硫酸亚铁溶液，或将溶液煮沸； 思路 3：反应前将反应装置抽真空； 思路 4：硫酸亚铁溶液现配现用。 【思考】下图是 Fe（OH）₂ 制备实验改进方案，请分析其改进是否合理，请说明改进原理				

【活动元四】Fe³⁺ 及 Fe²⁺ 的鉴别方法，Fe²⁺ 与 Fe³⁺ 相互转化（10 min）

活动形式	活动过程与结果			教师活动
演示实验 思考总结	1. Fe³⁺ 及 Fe²⁺ 的鉴别方法			引导学生完成知识的总结回顾和学习方法的提炼。学生展示后评价并鼓励学生，激发其学习兴趣
	鉴别方法	Fe³⁺（aq）	Fe²⁺（aq）	
	方法一：滴入 KSCN（aq）	化方：_____ 离方：_____ 现象：_____	现象：_____	
	方法二：_____	化方 or 离方：____ 现象：_____	化方 or 离方：____ 现象：_____	
	方法三：_____			

活动形式	活动过程与结果	教师活动
	2. Fe^{2+} 与 Fe^{3+} 相互转化	

理论分析	$Fe^{3+} \xrightarrow{(\quad)} Fe^{2+}$	$Fe^{2+} \xrightarrow{(\quad)} Fe^{2+}$
实验操作	少量铁粉　FeCl$_2$溶液　KSCN溶液　上层清液　Cl$_2$水	
实验现象		
离子方程式		

拓展一：若要证明某溶液中只含有 Fe^{2+} 而不含有 Fe^{3+}，怎样设计实验? _____

拓展二：实验室在硫酸亚铁溶液（含 H_2SO_4）中加入少量铁粉，防止 Fe^{2+} 被氧化。请书写对应离子反应方程式：____

拓展三：印刷电路由高分子材料和铜箔复合而成，刻制印刷电路时，要用 $FeCl_3$ 溶液作为腐蚀液，请用离子表示相应原理：_____

六、板书设计

铁的重要化合物

一、对铁的氧化物进行分类

二、铁的氢氧化物的实验制备

三、改进氢氧化亚铁制备实验

四、Fe^{3+} 及 Fe^{2+} 的鉴别方法，Fe^{2+} 与 Fe^{3+} 相互转化

七、教学反思

（一）教学中的真问题

1. 教学实施过程

环节和内容较多，可以设计成 2 课时，第 1 课时暂时不讲 Fe^{3+} 及 Fe^{2+} 的鉴别方法，Fe^{2+} 与 Fe^{3+} 相互转化。

2. 学生真实问题

实验操作能力、归纳能力、发现问题和总结问题的能力还需要提升。

（二）改进提升思考

减少教学环节，聚焦重难点；减少课堂内容容量，给实验探究多一点时间；优化课堂设置，氧气测量装置可以在课余时间补充操作。

参考文献

［1］沈世红. 数字化实验应用于化学实验教学的思考［J］. 现代中小学教育，2016（6）：79–82.

［2］徐睿. 中学化学数字化实验的新趋势［J］. 化学教学，2020（9）：31–36.

第五章
数字化实验在主题实践活动中的应用

数字化实验在中学化学
主题实践活动中的应用综述

一、数字化实验在中学化学主题实践活动中的应用综述

随着新课程改革的实施，2014 年《教育部关于全面深化课程改革落实立德树人根本任务的意见》指出，要大力推进信息化在课堂教学过程中的普遍应用，加强信息技术与各学科课程的整合，要坚持让学生自主选择和主动探究，要为学生个性的充分发展创造条件，培养有个性的人才，将学习情境和素材转向学生的现实生活和社会实践，帮助学生体验生活并学以致用。2020年，新教材已出版，化学教材安排有所调整，化学课程内容分为选择性必修和选修两部分。伴随着高考改革，国家教育体系越来越注重学生的个性化教育，越来越尊重学生的需求，学生的自主选择空间越来越大，因此培养学生的自主学习能力、自主选择能力以及独立思考能力和解决问题的能力十分重要。《面向 21 世纪教育振兴行动计划》要求，必须改变重知识轻能力、重理论轻实践、重继承轻创新、重统一轻差异的传统教育思想，将培养独立、创新、合作、知识面宽、能力强、素质高的专门人才作为高校人才培养的核心任务。同时，中国的发展速度与日俱增，这使得更多的人认识到科教兴国的重要性，国家经济实力、军事实力的增长都与科学、技术、工程的进步密切相关，国家对专业人才、技术人才的需要也逐步凸显。由此可见，教育强国

将会是中华民族伟大复兴的关键，培养学生科学探究与创新意识是教育的必然要求。

学生的学习方式对学习结果具有决定性的影响，然而传统课堂中采用的"听讲—背诵—练习"的被动接受的学习方式，导致学生的综合应用能力、创新能力、动手能力，以及学科间联系和知识的应用能力发展受限，严重影响了学生的能力培养和学习体验。2001 年，教育部印发的《基础教育课程改革纲要（试行）》明确提出了基础课程改革的具体目标：改变课程实施过于强调接受学习、死记硬背、机械训练的现状，倡导学生主动参与、乐于探究、勤于动手，培养学生搜集和处理信息的能力、获取新知识的能力、分析和解决问题的能力以及交流与合作的能力。可见，新课程改革积极倡导学生由被动、单一、接受的学习方式，逐步向自主、合作和探究的学习方式转变，转变学习方式成为我国新课程改革的重要目标和核心内容。

学术界对学生学习方式的认识大多认为是指学生在完成学习任务过程中的基本行为和认知的取向。学者们曾提出多种学习方式，根据不同标准可以划分为接受学习和发现学习、意义学习和机械学习、合作学习和个体学习等。各类学习方式本身并无绝对的优劣之分，但是传统的学习方式把学习建立在学生的被动性和依赖性基础上，忽视了学生的主动性和独立性。因此，应通过转变单一的学习方式来发展多样化的学习方式，特别是要提倡自主、合作与探究的学习方式。

北京师范大学张亚星通过研究分析学生学习方式转变的现状和存在问题，提出可从以下几个方面入手，切实转变学生学习方式。第一，营造良好的学习氛围，促进教师专业发展。应加强对教师的教学支持，提高教师的教学能力，转变教师的教学方式。教师应学会在教学中设置有趣并有一定难度的学习主题，指导学生独立开展学习活动，并尽可能给予学生充分时间进行合作学习，引导学生发现问题、收集资料、分析和解决问题，同时给予督促和协助。第二，增强教育管理的民主性，提高教师的教学自主权。目前，我国教师的专业自主权低于世界许多 OECD（经济合作与发展组织）国家。不仅教育行政部门会对教师进行频繁检查和验收，校长作为教学领导者往往也会过多干预教师教学，这些都严重限制了教师的教学自主权。因此，教育行政部门应减少对教师教学活动的限制，学校也应给教师下放更多的教学权利，让教师在教学内容、教学方式、教学形式、教学时间、教学程序等方面拥有更多的选择权和决策权。第三，根据学生个体特点，提高学习活动的针对性。着重引导和培养学生学习的自主意识、合作精神和探究能力，设计符合学生性别特点的个性化学习活动，使教学方式能够适应不同性别学生的学习。目前，小学生学习方式转变的效果最好，故还需加强初中与高中阶段学习方式改革的落实力度。在课堂上，教师应保持学习方式的多样和平衡，将讲解和学生自学、讨论、做练习、动手操作等方式相结合，提高各种课堂学习方式对学习效果的贡献率。第四，建立良好的学习环境，促进学生自主发展。一方面，减轻学生学业负担，强化内在学习动机。教育行政部门应高度重视中小学生课业负担过重的问题，深化招生考试制度改革，避免以"升学率"评价学校，着重开展过程性评价和多元评价，防止学生产生功利性强的外在学习动机。另一方面，建立良好的同伴关系和师生关系。教师应鼓励同学之间的积极交往，帮助每一位学生与同学和谐相处，促进学生在学习过程中合作互助。教师还应重视与学生的沟通交流，形成民主、平等、融洽的师生关系，有利于学生在学习中形成主动参与、乐于探究的态度。

在新时代背景下，实验教学仪器与设备设施随着信息化时代的发展不断更新，实验的模式、方法也越来越丰富。数字化实验作为信息技术与化学教学融合的新途径，具有测量呈现实时化、实验手段数字化、现象规律可视化等特点，是被广泛认可并提倡的实验教学模式。数字化实验可以增加学生对实验结果的拓展与思考，并且更好地将所学用于解决真实的问题情境。通过一定的实验器材支持，给学生在解决问题时提供多种可能，锻炼学生的开放型思维，促进学生进行合作探究学习。对教师而言，数字化实验与化学教学的融合，使教学模式更加多样化，也拓展了实验教学的深度与广度。在大数据背景下，教师将新颖先进的信息化元素应用在教学中，在促进传统教学向智慧化教学转变的同时，也能够促进教师的信息化素养和科研能力的发展。对学生而言，数字化实验能将那些化学反应中细微的、不易观察的变化通过对图像及数据的曲线拟合、对比及分析处理，更加直观地呈现实验过程，进一步对实验的本质做更深层次的挖掘，最终使原本难以理解的化学知识变得不再抽象，使定性实验向定量实验转化。对实验的设计、数据图像的分析和处理等环节，也增强了学生的自主学习能力。数字化实验的引入不仅丰富了学生的课程体验，还有利于开发学生的科学思维能力，促进学生核心素养的发展。

时代在发展，对人才的要求也在不断提高。当今时代再也不是"死读书"的时代，所需要的不再是"一头独狼"，而是具有合作等多种精神和能力的人。为适应现代生活和未来发展的要求，学生作为祖国的栋梁应向多元发展迈进，拥有一定的解决问题的能力对于学生而言尤其重要。以问题式和项目式的方式解决真实问题，并且在学习中融入数字化这样的新兴科技产物，更能够使学生与时代形成紧密联系，以期快速适应科技革新。因此，通过创设真实情境问题，开展以实验探究为主的多种探究活动，使教学内容情景化，并引入数字化实验教学模式，从而可较好地转变学生的学习方式，培养学生的创新实践能力。此种主题实践活动和数字化实验的应用模式可以以生活中常见或者常被使用的物质作为突破点，挖掘内部的原理知识，这部分的内容对学生将化学融入生活、建构科学的化学观有着深远影响。通过对该部分进行教案设计，将数字化实验设置为更加综合、更加贴合生活情景的知识链，将它们分解成适合学生探究的三到四个探究性小实验，每个实验相互独立，又彼此关联，学生相互合作设计、实施实验，教师在课堂中将重心放在发现问题并提供必要信息引导学生自主解决问题上。

将数字化实验应用在不同的教学方式中，激发学生的探究欲，启发教师的研究思路，为中学化学课堂注入了新的血液。数字化实验数学有利于改变当下习惯于传统应试教育的学生，使他们由应试能力强、实施能力弱，转变为在知识、实践、合作、思辨等多方面均能获得发展的全面人才。数字化实验教学作为新型教育方法是满足新时代人才培养模式要求的，通过引导学生小组合作进行实验探究真实情境问题，培养学生科学探究的意识与兴趣；通过数字化技术进行图像表征探究化学变化本质，让学生感受宏观与微观的相互关系；通过实验数据与生活现象及其他学科知识的综合运用，让学生在证据推理的过程中构建对某一事物的认知模型，有利于学生化学学科多方面核心素养的形成。数字化实验教学是化学学科教学不可或缺的一部分，与单纯的知识传授的传统课堂不同，实验教学更加要求学生的参与度与课堂的活跃性。

　　数字化实验理论层面研究较多，其中对于教学课例的研究是整个研究成果体系中最庞大的一支，但对于具体的化学学科教学实例研究较少。学者们尤其是一线教师们更多倾向于将数字化实验应用于课堂教学中，或在于挖掘课程知识点背后的隐性知识，或在于利用新的数字化传感器技术改进教学环节用来帮助学生理解抽象的化学概念。林丹萍创设了有关同分异构体分子间作用力的数字化实验，打破了学生一直以来认为分子间作用力与相对分子质量息息相关的机械记忆，通过温度图像帮助学生对分子间作用力与相对分子质量的认识更具象化。季敏敏就氢氧化钠变质问题，综合除杂、检验等多个知识，让学生真实体验了氢氧化钠变质前后物质的变化，使学生更深刻地理解该问题。对于碳酸氢钠与碳酸钠，已经有无数学者进行过有关数字化实验的探究了。对盐酸滴定碳酸钠的 pH 图像进行数学分析，值得关注的是研究者锁玮将数字化与 STEAM 结合起来，并应用于课堂教学，但他没有深入研究意义较大的 pH 图像，只是用 CO_2 传感器对比盐酸滴定苏打与小苏打的不同。其他相关研究都只是单独结合了数字化实验与化学知识，如韦存容探究了含氟牙膏背后的有关难溶电解质沉淀溶解平衡的本质，利用真实的数据证明了碳酸钙转化成了氟化钙，含氟牙膏的确具有保护牙齿的效用。

　　教师在教学时应用数字化实验需要注意方式方法，适宜的教学模式会让课堂教学事半功倍，故对于课堂教学模式的研究也是学者们思考的方向。杨银分根据自己在初中化学教学的经验，提出在教学时教学模式应分为三步：教师领着学生走，教师拉着学生走，学生摸着石头走，既给学生一定的引导而又不替代学生思考。王澄则是探究了小组合作的方式在高中数字化实验教学过程中的可行性，通过设计并实施了一节课，得到了学生极好的反馈。相对西方发达国家，我国数字化实验的研究起步晚，对于其具体教学实例中的应用还停留在案例开发层面。

目前，国内基于数字化实验的教学设计和案例开发大都集中在高中必修阶段的课程，在"常见无机物及应用""化学反应与能量""化学反应速率""水溶液中的离子平衡"等专题的案例研究较多，但选修教材《化学与生活》《化学与技术》《实验化学》以及初中教材内容的案例开发几乎无人问津，这大多因为高考并不涉及相关模块的考点，而初中义务教育阶段更是忽略了此方面的发展。这是该领域发展的薄弱点，但是这些课程内容中能够进行挖掘的点有很多，例如药品成分的检测、植物中某些离子的检测、含氯消毒液的性质与作用的探究、碳中和主题以及学校周边水质检测等，案例的拓展开发能够解决传感器使用单一、重复的问题，更好地发挥数字化实验教育价值。同时，一系列优质的教学案例就能组合成一套具有特色的校本课程，这对于学校科技特色教育的宣传具有积极意义。另外，在主题选取时，也不应拘泥于教材，除已有研究性学习中所涉及的"环境"和"食品"问题以外，与人体生命、地质气候有关的问题都是具有价值的探究学习课题，例如人体中某种微量元素的测定、香烟中的化学、温室效应、水体富营养化、气候变暖等。这些课题与学生的生活贴切，在拓宽学生视野的同时更容易渗透科学探究的理念。

由于笔者所在地区教育经济资源较发达地区落后，大部分学校没有经济能力建立数字化实验室，数字化实验在主题实践活动中的应用教学案例研究很少。因此我们以"依托数字化实验的主题实践活动在中学化学教学中的实践"为研究主题进行相关研究，愿以此为本地区一线教师们的化学教学提供有效参考。

二、融入数字化实验的主题实践活动教学设计与实践

（一）教学内容分析

化学以实验为抓手，核心知识的原理结论等都是在无数次实验探究的基础上，在不断的失败和成功中得到的。主题实践活动一个重要特点就是强调在探究中进行知识学习与构建，数字化实验本身可以看作是项目学习，学生在其中动手操作去探究，这种多感官的全面调动在一定程度上有助于提升学

生动脑思考的效率，因此教学设计需要以探究活动为中心，教学内容的设计一定要具有实践意义。另外，主题实践活动要以解决实际问题为目标，化学知识本就真实存在于生活实践中，新课标也要求学生对化学知识的学习最终要走向能将知识应用于生活实践中，这也是新时代素质教育所希望获得的结果。基于核心素养教育的最终目的也是帮助学生形成解决生活中真实情境及问题的能力。数字化实验教学设计内容的选择应以解决实际问题为目标，因此本研究部分主要将从中学化学学科知识的实际应用方面选取某一知识点进行相关案例研究。

（二）课程标准分析

新课程标准非常强调鼓励教师将生活中的化学资源引入教育教学，并针对教学中的实际问题开展交互式研究，以学生的全面成长与发展为终极目标，素养与知识共抓。虽然在新课标中主题实践活动以及数字化实验没有被明确提及，但是我们不难在相关文件中的实施建议上找到如下的明确要求：①贴近生活实际，重视学科联系；②重视信息技术的应用，运用软件技术学习化学的能力。

（三）教学流程设计

主题实践活动教学模式同其他一般教学模式有一些不同，它以学生在问题情境中进行活动探究从而获得知识与自身能力的提升为主要目的。教学活动主要被总结为以下四个阶段：准备、实施、改进、反思，主张以客观存在的真实问题为导向，这与问题驱动教学法（problem-based-learning，PBL）的教学方法相近。在完成项目或解决问题的整个过程中，学生能够融合不同学科知识和技能。PBL 是一种较成熟的结构化学习方法，可以使学生解决来自生活实践的问题，它使学生积极协作参与以学生为中心的学习过程，从而发展批判性思维、解决问题的实践能力、团队合作精神和自我导向的学习能力，以应对生活中日益复杂的环境。PBL 已成功应用于不同领域，其优势已得到充分证明。基于此构建融入主题实践活动及数字化实验的教学流程如下：教学流程以发现问题、分析问题、提出假设、验证假设为基本路线，串联起整个教学，流程如图 5-1 所示。

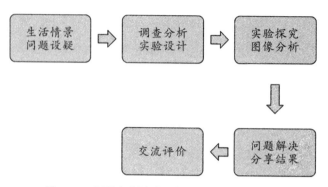

图 5-1　主题实践活动及数字化实验教学流程

第二节　数字化实验在中学化学主题实践活动的应用案例

应用数字化实验的中学化学主题实践活动设计（一）

认识二氧化碳　走向碳中和

成都市玉林中学　陈蕾西

一、教学内容分析

（一）教学基本信息

学段	教材	教材章节	课时
九年级	鲁教版	第六单元　课题 二氧化碳和一氧化碳	1 课时

（二）教材分析

1. 课标分析

（1）内容要求

课程标准要求在"二氧化碳的性质"一节中，学生能结合实例说明二氧化碳的主要性质；了解自然界中的碳循环；了解二氧化碳的颜色、状态、气味、密度、溶解性等物理性质；知道二氧化碳能灭火；知道二氧化碳溶于水生成碳酸，碳酸不稳定易分解；知道二氧化碳和氢氧化钙反应生成碳酸钙沉淀；知道二氧化碳对生活和环境的影响，例如自然界中二氧化碳的循环，温室效应和全球变暖带来的影响以及低碳生活等。课标和教材还对学科技能作出了要求：学生要初步学习二氧化碳的实验室制法，探究实验室制备二氧化碳的装置。

（2）学业质量水平要求

能结合实例说明二氧化碳的主要性质，了解碳循环。

2. 教材编写分析

（1）教材地位与作用

从内容安排上来看，学习二氧化碳前，学生已经学习了氧气，对于气体的性质有了一定了解。二氧化碳的学习，一方面增加学生对气体的认知，另一方面也是对气体的性质、制备方法的巩固。

从发展学生科学素养上来看，新的课程标准倡导学生从社会发展的需要出发，提升自身学科素养。二氧化碳相关内容的学习能帮助学生理解化学对社会发展的作用，从化学的角度熟悉科学、技术、社会和生活方面的知识。通过学习二氧化碳的性质，关注环境能源问题，能让学生初步了解如何利用化学知识和方法治理环境污染，合理开发资源，增强学生的社会责任感。

（2）教材素材处理说明

探究活动：空气中的二氧化碳会越来越多吗？结合二氧化碳浓度变化图，改进问题，让学生分组讨论二氧化碳浓度的变化趋势与地表温度变化趋势两个问题，提升学生对碳中和的认知及与引发如何实现碳中和的思考。

教材图片6-20——全球变暖：与2022年全球高温，川渝地区限电报道视频结合作为引入素材，引发学生对"温室效应"的思考。

教材图片6-19——自然界中的碳循环：教材中的图片较为直观地指出碳循环的几个途径，补充一个包含了物质转化的碳循环图片，让学生观察总结出碳循环途径后，用此图片引导学生画出碳吸收和碳排放的分解图示，便于学生理解。

教材图片6-18——二氧化碳的用途：结合学生设计出的迈向碳中和的方案后，利用该图作为总结，让学生感知学习化学、认识物质，是实现人与自然和谐共处，促进人类和社会可持续发展的重要途径。

（3）落实学科核心素养分析

本节课选择二氧化碳的性质及碳循环两个重点进行学习，活动紧紧围绕化学学科核心素养展开。通过让学生面对二氧化碳引发的真实环境问题，从化学的角度思考，中性地认识化学物质，辩证地看待化学发展给社会发展带来的影响，体会化学发展对调控环境的优势，利用化学知识解决实际问题，让学生做到发现和提出有探究价值的化学问题，能依据探究目的设计并优化实验方案，完成实验操作，能对观察记录的实验信息进行加工并获得结论；能和同学交流设计方案，结合化工生产实际，对方案进行质疑和改进；能尊重事实和证据，不迷信权威，具有独立思考、敢于质疑和批判的创新精神。

二、学情分析

（一）已有基础

从知识储备上分析：大部分学生通过生物学科及科学常识的学习知道空气中有二氧化碳，二氧化碳是无色无味的，二氧化碳能灭火；少部分学生还能描述植物光合作用会吸收二氧化碳，动植物呼吸作用会产生二氧化碳的知识点。从学科技能上分析：学生已经学习过"氧气"，对气体的制取方法有一定的了解。

（二）障碍点

学生对于化学和生活的密切关联性感受不足；对气体的制备原理、装置和验满有一定的基础，但是设计实验、进行实验操作的能力和经验还稍显不足。

（三）发展点

通过对二氧化碳性质的学习，让学生公正地看待化学物质，辩证地看待化学发展和社会发展间的关系；进一步加强学生动手实验的能力及搜集信息进行整合、分析的能力。

三、目标分析及重难点

（一）教学目标

知识目标：

1. 能结合实例说明二氧化碳的主要性质。

2. 了解自然界中的碳循环并能书写物质转化方程。

能力目标：

1. 能动手完成分组实验，通过分析实验现象得出结论。

2. 能阅读材料，整合关键信息。

3. 能将碳中和化学理论与实际改善方法做比较，体会化工生产的基本要求。

4. 初步建立科学的物质观，坚持"物质是变化的"的唯物主义观念，逐步树立崇尚科学、反对迷信的意识。

（二）评价目标

1. 学生能否准确描述二氧化碳的性质，能否准确将二氧化碳的性质与其在生活生产中的运用相对应。

2. 通过认识二氧化碳和如何走向碳中和两个探究活动，诊断学生发现问题、解决问题的高阶学科能力和思维。

3. 与小组成员交流、展示时，学生能否清楚地表述自己的观点，逐步形成良好的学习习惯和学习方法。

4. 通过小组合作探究，考查碳循环途径的书写表达，诊断学生物质观的建立。

（三）教学重难点

重点：二氧化碳的性质；碳循环；实现碳中和的途径。

难点：碳循环中物质转化方程书写；引导学生思考对比实验室中提出的碳中和方法与社会层面适用的碳中和方法之间的区别，同时培养学生的社会责任感。

四、教学设计思路

（一）情境素材选取说明

2022 年，由于全球温度上升，给人类生活带来诸多不便，也给物种生存带来更多危机。播放相关视频，学生从视频中感知全球温度变化。视频材料可以引起学生对温度变化的探究兴趣，有助于展开"探秘温室效应"教学活动，了解二氧化碳排放过多带来的直接危害；了解碳中和并力求碳中和的学习需求。

（二）数字化实验设计说明

分组实验①：利用温度传感器做对比实验，测定装有相同浓度的空气、二氧化碳的试管在红外加热下的温度变化情况。结合阿伦尼乌斯的研究结果材料，学生可以得出二氧化碳浓度的增加阻止了地球热量散失，导致地表温度上升的结论。实验装置如图 5-2。

空气　CO₂　　　碳酸饮料　蒸馏水

图 5-2　　　　　　　　　图 5-3

分组实验②：利用压强传感器做对比实验，测定装有相同体积的蒸馏水、碳酸饮料在红外加热下的压强变化并绘制图像。通过对比实验及图像，分析得出二氧化碳溶解性随温度变化的规律。实验装置如图 5-3。

（三）媒体设计

1. 希沃白板

2. 数字化传感器及相关软件

（四）设计框架

真实情境	大概念	核心知识	核心问题	核心活动	数字化实验	核心素养
2022 年全球气温偏高	碳循环、碳中和	二氧化碳的性质 二氧化碳在自然界中的循环	二氧化碳与温度上升的关系 温室效应带来的影响 二氧化碳浓度的变化趋势 二氧化碳的吸收排放 如何实现碳中和	探秘"温室效应"，认识二氧化碳 认识碳中和，了解碳循环 迈向碳中和	温度传感器分别测定装有空气、二氧化碳的试管在红外加热下的温度变化 ——了解温室效应原理压强	勤于思考、善于合作、乐于实践、敢于质疑、辩证思考、方案设计与自我反思修正、社会责任感

续表

真实情境	大概念	核心知识	核心问题	核心活动	数字化实验	核心素养
					传感器测定碳酸饮料和蒸馏水在加热情况下的压强变化——认识二氧化碳溶解性变化规律	

五、教学过程

【情境引入】视频材料——2022 年为什么这么热？（1 min）

【活动元一】　探秘温室效应，认识二氧化碳（7 min）

活动形式	活动过程与结果	教师活动
独立完成 观察记录 阅读讨论 概念界定 小组讨论	【思考】观看视频后，聚焦导致 2022 年全球温度上升的"元凶"。 【分组实验 1】利用提供的温度传感器测定相同加热情况下二氧化碳环境和空气环境的温度变化并填写表格。 表格： { 数字化实验 | 起始温度 | 终止温度 } 温度传感器测定装有一个大气压空气的试管在红外加热下的温度变化 温度传感器测定装有一个大气压二氧化碳的试管在红外加热下的温度变化 【阅读】 1. 化学史：1896 年阿伦尼乌斯计算得出地表温度上升与二氧化碳浓度的关系。 2. 全球大气中二氧化碳浓度变化和地表温度变化趋势	播放视频，结合实验及化学史料引导学生深入了解温室效应原理，通过碳酸饮料加热后的压强变化、二氧化碳与空气质量对比实验及展示二氧化碳灭火器等材料让学生进行观察思考，总结二氧化碳的物理性质；展示学生的学案，开展学生互评，教师评价

续表

活动形式	活动过程与结果	教师活动
	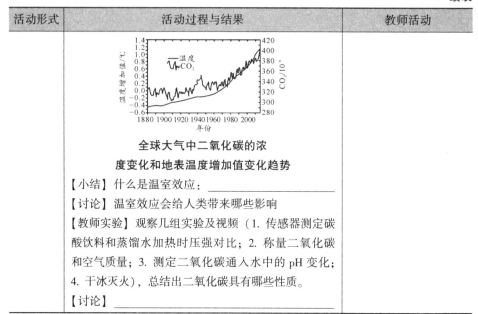 全球大气中二氧化碳的浓度变化和地表温度增加值变化趋势 【小结】什么是温室效应：_____ 【讨论】温室效应会给人类带来哪些影响 【教师实验】观察几组实验及视频（1. 传感器测定碳酸饮料和蒸馏水加热时压强对比；2. 称量二氧化碳和空气质量；3. 测定二氧化碳通入水中的 pH 变化；4. 干冰灭火），总结出二氧化碳具有哪些性质。 【讨论】_____	

【过渡】二氧化碳从何而来，二氧化碳浓度变化受哪些因素影响，能否让二氧化碳浓度无上限增长？

【活动元二】 了解碳中和 认识碳循环（17 min）

活动形式	活动过程与结果	教师活动
材料 阅读 观察 分析 小组 讨论 概念 界定 书写 过手	【阅读材料】 浓度/10^{-6} 550 — 持续排放 战后化石燃料造成的增长 趋于稳定 400 — 快速脱碳期间复原 工业化之前的浓度 280 — 1750 1945 2020 2100 年份 【讨论思考】二氧化碳的排放呈现什么规律？预测二氧化碳排放和地球温度可能会如何变化？人类可能面临哪些危机？小组作图展示。 【小组展示】 【思考】面对这些危机，我们应该怎么做 【学生讨论】	通过图片素材提出关键问题：二氧化碳浓度的急剧变化与哪些因素相关？预测二氧化碳浓度变化与地球地表温度变化，引发学生对人类生存危机的思考。由以上思考引导学生得出控制二氧化碳浓度的结论，引出碳中和概念

活动形式	活动过程与结果	教师活动
模型建构	【观看视频】2020 年两会视频材料 描述什么是碳中和 【阅读材料】二氧化碳的来龙去脉 【小组讨论】你从图中能发现有哪些排放和吸收二氧化碳的途径? 【书写】用化学方程表达以上途径 【学生展示】 【小结】碳循环 	学生通过分析材料厘清二氧化碳排放与吸收途径,建立碳循环概念。过程中注重让学生自主探讨,辩证地看待化工生产发展与自然的关系,激发社会责任感。建立碳循环结构概念时,学生进行自评和互评,及时反馈

【过渡】根据所学知识,为了早日实现碳中和,可以采取哪些措施呢?

【活动元三】 迈向碳中和（15 min）

活动形式	活动过程与结果	教师活动
提出问题 分组讨论 设计方案	【分组讨论】为了实现碳中和,可以采用哪些方法?以小组为单位设计碳中和方案。 【学生展示】 方法 1: _____ 方法 2: _____ 方法 3: _____	引导学生利用二氧化碳的性质及二氧化碳循环,从减少二氧化碳的排放、吸收二氧化碳两个方面入手讨论实现碳中和的方法。引导学生结合化工生产实际对小各组方案进

续表

活动形式	活动过程与结果	教师活动
交流 评价 自我 反思 链接 现实 方案 完善	【阅读材料】 【分组讨论】结合材料，各小组想的这些办法是否能在实际生产中使用？为什么？ 【学生反思】 【拓展延伸】现代科技给我们提供的碳中和方法 文字材料：液态太阳燃料合成示范项目。 二氧化碳捕捉技术 水电发电 视频材料：《中国行动成效》 【小结】在生活中，我们可以从哪些地方出发，为早日实现碳中和贡献一份力量呢？ 【课后作业】将所学所感以手抄报的形式展示出来吧	行反思，实现课堂与实际的有机衔接，引发深度学习。最后通过拓展资料学习，让学生了解先进技术的同时激发社会责任感

六、板书设计

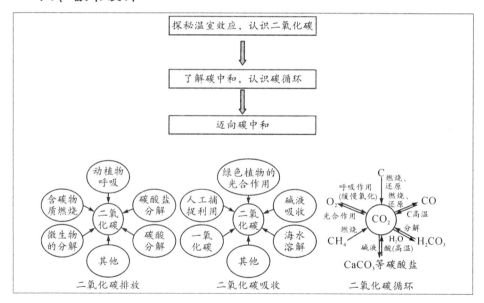

七、教学反思

（一）教学中的真问题

1. 教学实施过程

本节课选择了二氧化碳的性质及二氧化碳循环两个知识点进行教学，知识内容要求不多，但是对于知识获取及运用要求较高。在课堂中学生要感受社会发展，通过观察思考，提出问题，设计方案，互评反思，改善方案。教师需要不断引导学生的思考，学生的想法天马行空，较为发散，教师需要把控主线，聚焦在关键问题，同时不打击学生学习的兴趣和积极主动性。学生能进行自评和互评，但是思考时间较多，教师需要充分调动小组积极性，及时点评反馈，发挥集体的智慧。

2. 学生真实问题

学生接触化学时间不长，对于物质转化、元素守恒、能量守恒认识不深；在观察碳循环图示，寻找、描述碳吸收和碳排放的时间较多，并且可能出现一些遗漏；用化学语言书写表达碳循环的过程对学生来说也较为困难。

本节课有较多的真实材料和数据需要学生进行分析，通过分析学习发现问题，总结提炼，形成知识，联系应用知识，这个过程较为困难。

（二）改进提升思考

本节课的设计初衷是通过直面能源、环境问题，让学生了解环境发展现状、变化原因，以寻求改善环境方法；主要目标为让学生体验学习化学物质变化规律，调控环境能源变化，实现人类与自然共存，激发学生的学习兴趣与持续深度学习的欲望，激发学生社会责任感。

为了本节课的内容更加充实，增强学生的体验感，锻炼学生积极获取信息的能力和合作精神，可以充分利用翻转课堂。比如，在课前让学生自主分组收集二氧化碳与环境变化的相关资料，各小组根据自己收集的资料进行总结，在课上做专题发言。

学生在课堂中交流分析数据、处理图像、书写表达时遇到的困难，教师可以在课前将学生进行分组，合理搭配，实现小组合作，促进每位成员的学习。在学生展示成果后，加长学生自评、互评，疑问交流解答，教师点评环节的时间，降低学生学习难度，及时得到学生学习效果反馈，提高课堂效率。

为了促进学生自主学习，将课堂知识运用到实际中，对课程内容加以巩固，可以让学生用思维导图的方式对本节课的内容及感悟进行梳理总结；教师加以评价反馈，及时了解学生的掌握情况。

应用数字化实验的中学化学主题实践活动设计（二）
探究温室效应

成都市玉林中学　凌芮

一、教学内容分析

（一）教学基本信息

学段	教材	教材章节	课时
九年级	人教版化学九年级上册	第六单元　课题 3 二氧化碳和一氧化碳	1 课时

（二）教材分析

1. 课标分析

（1）内容要求

能结合实例说明二氧化碳的主要性质和用途。

（2）学业质量水平要求

通过对身边熟悉的化学物质——二氧化碳的学习，增强学生对化学的好奇心和探究欲望，使学生初步认识物质的用途与性质之间的关系，帮助学生从化学的角度认识和理解人与自然的关系，初步形成科学的物质观和合理利用物质的意识。

2. 教材编写分析

（1）教材地位与作用

本节课的内容属于人教版九年级化学上册第六单元课题 3 内容：二氧化碳对生活和环境的影响。主要内容涉及：二氧化碳的温室效应、主要的温室气体、温室效应增强的原因、全球气候变暖的不良后果。

本节课注重将化学与生活实际相联系，引导学生通过观察和实践探究活动认识身边的化学物质——二氧化碳，帮助学生辩证地看待温室效应。最重要的是，要让学生通过本节课的学习明确：面对温室效应增强，全球气候变暖问题，我们可以做什么？让学生通过对化学的学习来解决生活中的现实问题，是本节课最重要的作用。

（2）教材素材处理说明

教材中对该部分内容以文字叙述的方式进行介绍，辅以图片：自然界中二氧化碳的循环及全球气候变暖。时至今日，全球气候变暖已经呈现出了非常严重的态势，全球气温上升、两极冰川融化、干旱、山火……已经不再是"可能的威胁"，而是不断上演的现实灾难。但是，该部分内容在教材中的介绍还比较单薄，学生还无法深刻地认识温室效应以及人类与环境的关系。

本节课以教材为基础，将教材内容进行拓展和深化，通过实践活动让学生深入认识温室气体——二氧化碳，并且真切体会到二氧化碳对环境、温度的影响，再通过实验探究活动"二氧化碳的吸收与释放"让学生明确：化学变化是可控的，而我们可以通过合理地运用化学变化来解决现实问题。

（三）本节课落实学科核心素养分析

本节课为落实化学学科核心素养的实践活动课程，通过开展具体的实践探究活动，验证二氧化碳是温室气体，探究二氧化碳的吸收和释放方法，培养学生的科学探究能力，帮助学生进一步理解"化学变化"，认识人类与自然的关系，学会利用化学知识来解决实际问题，培养学生的社会责任感。

（四）学科核心素养与数字化实验设计关联分析

通过引入数字化实验，结合数字化实验数据确定二氧化碳是温室气体，分析二氧化碳浓度对温室效应的影响，提高数据处理能力，发展证据推理能力，再引导学生选择适宜的传感器设计数字化实验并完成验证，培养学生的科学探究与创新意识，再结合对二氧化碳吸收与释放过程的探究，帮助学生强化"变化观念"，形成利用化学知识来解决实际问题的意识，培养科学精神和社会责任感。

二、学情分析

（一）已有基础

掌握实验室制取二氧化碳的方法，知道二氧化碳的物理及化学性质，对温室效应有基本的了解和亲身体会；并且具有一定的实验操作能力、科学探究能力和数据分析能力。

（二）障碍点

对二氧化碳的循环过程缺乏系统了解，不知道二氧化碳与氢氧化钠的反应，需要前置知识点；缺乏实验方案的设计能力、创新能力和深入探究的思考能力，需要教师提供恰当路径来引导和激发。

（三）发展点

深入认识温室效应，知道二氧化碳吸收与释放的方法和途经；提高实验探究能力和分析总结能力，发展自主学习能力和高阶思维，培养社会责任感。

三、目标分析及重难点

（一）教学目标

1. 了解自然界中二氧化碳的循环。

2. 知道温室效应，明白二氧化碳对温室效应的影响。

3. 知道二氧化碳的吸收与释放，理解化学变化与人类生存和发展的关系。

（二）评价目标

1. 通过实验验证二氧化碳是温室气体，诊断学生对化学概念的认知程度，以及基本的实验探究能力。

2. 通过实验探究二氧化碳的吸收与释放，诊断并发展学生对化学变化的理解能力、分析解决问题的能力和高阶思维能力。

3. 通过创设矛盾，诊断并发展学生的辩证思维。

4. 通过实践探究，诊断并发展学生的科学精神和社会责任感。

（三）教学重难点

1. 重点：知道温室效应，了解防止温室效应进一步增强应采取的措施。

2. 难点：理解二氧化碳的吸收与释放，知道可以利用化学变化来解决现实问题。

四、教学设计思路

（一）情境素材选取说明

温室效应、全球气候变暖已经是全球性的环境问题，人类对它们的认识在一次次的自然灾害中不断加深，在一次次的预测被验证中不断凸显。据此可以引入的情景素材有：①图瓦卢——"一个即将沉入海底的国家"，将面临举国搬迁的局面；②南北两极冰雪消融：北极熊该何去何从？是什么造成上千只企鹅幼崽的离奇死亡？③2019年威尼斯全城被淹，未来是否有一日它将沉入水底？④2022年的夏天全球温度创新高，是什么让伦敦卢顿机场跑道融化？是什么造成川渝地区极端高温，节水限电？

（二）数字化实验设计说明

数字化实验①：利用温度传感器进行实验探究，验证二氧化碳是温室气体。

数字化实验②：利用二氧化碳传感器与温度传感器，探究二氧化碳浓度对温室效应的影响。

数字化实验③：利用压强传感器进行实验，探究二氧化碳的吸收与释放，说明化学变化的可控性。

（三）媒体设计

1. 希沃白板

2. 数字化传感器及相关软件

（四）设计框架

真实情境	大概念	核心知识	核心问题	核心活动	数字化实验	核心素养
南北两极冰雪消融：北极熊该何去何从？是什么造成上千只企鹅幼崽的离奇死亡	温室效应	温室气体	二氧化碳是温室气体吗	验证二氧化碳是温室气体	数字化实验①	证据推理与模型认知、变化观念与平衡思想、科学探究与创新意识、科学精神与社会责任
		温室效应	温室效应与二氧化碳浓度有何关系	探究二氧化碳浓度对温室效应的影响	数字化实验②	
打开可乐瓶盖后有大量气体溢出	化学变化	二氧化碳的吸收与释放	通过化学变化能实现二氧化碳的吸收与释放吗	实验探究二氧化碳的吸收与释放	数字化实验③	

五、教学过程

【情景引入】南北两极冰雪消融

【活动元一】验证二氧化碳是温室气体（9 min）

活动形式	活动过程与结果	教师活动
独立 完成 交流 评价 观看 实验 观察 记录 分析 总结	【观看图片】北极熊无家可归，南极企鹅幼崽离奇死亡。 【概念引入】温室效应。 根据已有知识，说说你知道的温室气体有哪些？ 【实验探究】二氧化碳是否是温室气体？ 【演示实验】数字化实验①：收集相同体积的四瓶气体：N_2、CO_2、O_2和空气，在相同条件下用太阳光照射这四种气体，用温度传感器测定并记录四瓶气体的温度变化情况。 【讨论分析】 实验结果显示4种气体的温度高低：_____， 说明二氧化碳_____（是或不是）温室气体	情景导入，展示图片，介绍什么是温室效应； 提出问题：经验告诉我们二氧化碳是主要的温室气体，如何证明呢？ 演示数字化实验①，展示数字化实验数据结果； 引导学生分析实验数据，得出结论：二氧化碳是温室气体

【活动元二】说明二氧化碳的温室效应（10 min）

活动形式	活动过程与结果	教师活动
小组 讨论 设计 方案 观看 实验 分析 总结	【实验探究】二氧化碳的浓度与温室效应的关系 【方案设计】 ①拟选用的传感器有：_____。 ②设计实验方案： _____ _____。 ③预测结果：二氧化碳的浓度越高，温室效应越 _____。 【演示实验】数字化实验②	提出问题：二氧化碳对温室效应有何影响？ 引导学生选择合适传感器设计实验方案；评价学生设计方案，演示数字化实验②，展示数字化实验数据结果

【过渡】二氧化碳排放的增加导致温室效应增强，全球气候变暖，那么我们又该如何捕获二氧化碳呢？

【活动元三】二氧化碳的吸收与释放（14 min）

活动形式	活动过程与结果	教师活动
独立完成 现象分析 小组讨论设计方案 观看实验分析总结交流讨论	【阅读】教材第120页，了解自然界中二氧化碳的循环。 【情景创设】"汽水"的形成，"气泡"的冒出。 【知识前置】氢氧化钠溶液可以吸收二氧化碳生成碳酸钠。 【方案设计】 ①拟选用的传感器有：＿＿＿＿＿＿＿＿。 ②设计实验方案： 二氧化碳的吸收：＿＿＿＿＿＿＿＿ ＿＿＿＿＿＿＿＿＿＿＿＿＿＿＿＿。 二氧化碳的释放：＿＿＿＿＿＿＿＿ ＿＿＿＿＿＿＿＿＿＿＿＿＿＿＿＿。 ③预测实验现象：＿＿＿＿＿＿＿＿。 【演示实验】数字化实验③ 【思考】通过化学变化实现对二氧化碳的吸收和释放，对于我们解决当前的困境有何现实意义？你能举例说明吗	讲述：二氧化碳在自然界中的循环过程； 提出问题：如何通过化学变化实现二氧化碳的吸收和释放？ 通过情景创设，让学生明白通过化学变化可以实现二氧化碳的吸收和释放； 引导学生选择合适传感器设计实验方案，证明通过化学变化可以实现二氧化碳的吸收和释放。 评价学生设计方案，演示数字化实验③，展示数字化实验数据结果； 提出问题：化学变化对解决现实问题的意义

【活动元四】辩证认识温室效应（7 min）

活动形式	活动过程与结果	教师活动
独立完成 交流讨论 心得分享	【阅读】教材第120页，了解温室效应的"利"与"弊"。 【思考1】你还知道哪些由于温室效应增强带来的危害？对于二氧化碳造成的温室效应和全球气候变暖，你有哪些思考？ 【思考2】你认为人类应该做些什么？不应该做些什么	提出问题：温室效应是否就是如此的"十恶不赦"呢？ 引导学生阅读了解温室效应、辩证地看待温室效应。 培养学生的社会责任，建立"人类命运共同体"的意识

六、板书设计

探究温室效应
1. 温室气体二氧化碳
2. 温室效应：随二氧化碳浓度的升高而增强
3. 二氧化碳的吸收和释放
4. 温室效应的利与弊

七、教学反思

本节课从解决生活中实际问题的角度出发，以引导学生进行主动学习为基调，通过问题导引式的教学方法，并结合情境创设法、实验探究法，帮助学生进行自主学习，培养学生的化学学科核心素养。以下从教学优点、教学不足和教学启示三方面对本节课进行反思总结。

（一）教学优点

1. 充分联系生活，结合化学知识，探索解决"温室效应增强"这一全球面对的环境问题。

2. 教学设计有层次，逐渐深入，顺应学生的逻辑思维习惯，学生接受度高。

3. 引入数字化实验，充分展现了信息技术在现代化学课堂的实用性。

4. 在知识的学习过程中渗透了对学生化学核心素养的培养，不仅包涵化学观念和科学思维，并且充分利用科学探究与实践，培养学生的科学态度与社会责任感。

（二）教学不足

1. 数字化实验是本节课的亮点，但学生对在课堂演示数字化实验还感到比较陌生，对数字化实验仪器的工作原理不甚清楚，教师可以适当补充介绍。

2. 3组数字化实验稍显拥挤，课堂时间不好把控，可以进一步优化实验设计部分。

3. 课前应让学生查阅温室效应相关的新闻和信息，在课堂上进行展示和分享，帮助学生加深对"人类和环境的关系"的认识。

（三）教学反思

1. 化学是一门学科，但也是一种工具。学习的目的不仅仅是掌握知识，更重要的是要学会应用知识。在日常的课堂中，教师要充分联系生活，从解决生活中的一个个问题出发，去学习，去探究，让学生真切感受到学习化学的意义，培养学生"学以致用"的意识。

2. 在课堂上引入数字化实验，学生都表现出很大的兴趣，而且实验数据的实时生成能够带给学生震撼感，更能加深学生对数字化实验的理解。教师在课堂教学中可以适当地利用数字化实验来对某些实验进行研究，提高学生的科学探究能力。

应用数字化实验的中学化学主题实践活动设计（三）
学校及周边水质检测

成都市中和中学　李懋

一、教学内容分析

（一）教学基本信息

学段	教材	教材章节	课时
九年级	人教版化学九年级上册	第四单元　课题2　水的净化	1课时

（二）教材分析

1. 课标分析

（1）本课时化学课程标准解读

①了解纯水与自然水、硬水、软水的区别。

②了解纯水与天然水的区别。

（2）本课时成都市中考化学考试说明

①了解水体污染及防治。

②了解硬水、软水的区别及鉴别方法。

③了解吸附、沉淀、过滤和蒸馏等常用净化水的方法。

（3）学业质量水平要求

教材内容以纯水、自然界的水及自来水的不同引入水的净化问题，以自来水厂净化过程为例，将吸附、沉淀、过滤和蒸馏等净化水的方法有序联系起来，并将认识水的角度转向化学学科。

本课主要介绍了分离混合物的一些化学实验操作方法，其间也穿插着纯水、软水、硬水等概念知识。在编排上，教材从纯水与自然界的水在视觉上的差别引出吸附、沉淀、过滤等除去水中不溶性杂质的方法，以视觉上无差异的硬水与软水为例，说明澄清透明的水中仍可能含有杂质，进而借硬水软化方法介绍引出含可溶性杂质水的净化方法——蒸馏。在逐一学习上述水净化方法的过程中，学生对自然界的水、纯水、硬水、软水等有关水的认识也不断深化，逐步清晰。本课中的过滤和蒸馏是初中化学中重要的实验操作技能，也是本课要重点学习的内容。

2. 教材编写分析

（1）教材地位与作用

本节课内容选自人教版化学九年级上册第四单元课题2。水是我们生活中最熟悉的物质之一，本教材编排上，水的知识学习位于氧气之后、二氧化碳之前，对研究元素化合物知识起到了承前启后的作用。本课围绕学校及周边的水质检测和水的净化问题，将吸附、沉淀、过滤和蒸馏等净水方法有序地联系起来。学生通过水的净化学习体会身边处处有化学，并能应用所学知识解决生活中一些简单问题。

（2）教材素材处理说明

水是继学生学习了空气、氧气等气体性质后，学习的另一种常见的化学物质。本课以水为载体，探讨了常用的净化水的方法与技能等。教材处理方法是将课标要求的沉降、过滤、吸附和蒸馏等净化水的方法有序联系，其中过滤是初中化学中重要的实验操作技能，也是本课重点学习的内容。教材中也介绍了自来水的生产过程，让学生体会到水源净化的必要性及树立节约用水的意识。

（三）落实学科核心素养分析

本课突出科学课程的新理念，注重培养学生主动学习、乐于探究、敢于创新的意识和精神，从而提升学生的核心素养。充分挖掘课程资源，联系学生生活实际，把课堂由课内向课外延伸，把学生由课本知识引向生活实际。

围绕水的净化，创设系列有关水的问题情境。组织学生进行实验探究活动，联系学生的生活经验，激发学生学习兴趣，激励学生走向成功，感受成功的喜悦。在活动中培养学生的探究能力和健康的生活观念，感受化学对改善个人生活和促进社会发展的积极作用，增强学生对自然和社会的责任感。

二、学情分析

（一）已有基础

在此之前，学生已经学会分辨纯净物和混合物；对于水质和水污染有一定的了解，知道一些生活中净化水的方法；并且对于饮用水的来源有一定认识，知道生活用水来自自来水厂。对水的净化有基本的了解和亲身体会。经过前面的学习，学生已经掌握了一些简单的实验操作技能；有一定的科学探究能力，知道科学探究的一般步骤；有一定的数据分析能力，可以通过分析实验数据得出相应的实验结论。

（二）障碍点

学生在生活中接触了过滤，但不清楚过滤能除去水中的难溶性固体以及过滤的具体操作方法及注意事项。在本课学习中可能会遇到的问题：在过滤操作中，学生容易违规操作，导致实验失败；缺乏实验方案的设计能力，需要教师提供恰当路径来激发；对化学探究方法的了解还处于启蒙阶段，需要教师设计合理问题来引导。

（三）发展点

通过本节学习，在知识层面上，学生需要深入认识水的净化方法；知道过滤、蒸馏等完整操作；会区分硬水、软水以及转化方法。在能力层面上，学生需要通过实验探究，提升证据推理能力和实验探究能力；通过数据分析，提升数据处理能力和分析总结能力；通过自主探究，提升自主学习能力和解决问题能力。

三、目标分析及重难点

（一）教学目标

1. 通过合理选择净水方法（沉淀、过滤、吸附和蒸馏等），理解水的不同需要，让学生养成资源开发意识、科学耗能观念、水循环的守恒观等，激发学生爱护水资源的意识。

2. 了解自来水的生产过程，让学生体会到水源净化的必要性，树立节约用水的意识。

3. 初步学会过滤的操作方法，培养学生主动学习、乐于探究、敢于创新的意识和精神，从而提升学生的核心素养。

4. 了解纯水与天然水的区别，能够区分硬水与软水，了解软化硬水的方法。

（二）评价目标

本节课首先从我们喝的水引入，继而带学生进入自来水厂的真实情景中，使学生产生探究水的净化方法的欲望，通过实验、思考、讨论、交流等学习活动，认识水净化的原理和常用方法。由过滤后的水是不是纯水引出硬水和软水的概念，教会学生利用简单的方法检验硬水和软水。由水壶盖上凝聚的水引出蒸馏水的制备方法，可促进学生手脑并用，培养学生设计简单实验装置的能力。引导学生开展探究式学习，从化学的视角出发认识生活中的水，了解水的净化方法，让学生多联系生活、生产实际，多做社会调查，从而理解保护水资源、珍惜水资源的重要性，培养学生关心社会、对社会负责的意识，树立为社会进步和生活水平提高而努力学习化学的志向。学生通过亲自动手进行水的净化实验探究，感受化学对生活和社会的意义，激发学生学习化学的兴趣。

（三）教学重难点

1. 重点：吸附、沉淀、过滤、蒸馏等净化水的方法。

2. 难点：硬水与软水的概念和区分。

四、教学设计思路

（一）情境素材选取说明

首先向学生展示学校周边不同的水源所取的水，通过仪器检测不同水中所含物质及含量高低，让学生了解不同水质的区别。学生知道天然水是混合物，水中有不溶性杂质和细菌，但不太清楚水中有可溶性杂质；对于饮用水的来源有一定了解，知道生活用水来自自来水厂，但不了解自来水厂的具体生产过程，比如活性炭是怎样吸附有颜色的物质及有气味的物质的；听说过软水、硬水，但对软水、硬水的区别和净化水的过程与方法不太了解；听说过过滤，接触过生活中的过滤，但并不太清楚过滤能除去水中的难溶固体以及过滤的具体操作和注意事项；虽然初步掌握了一些简单的化学实验基本操作技能，但对化学探究学习方法的了解尚处于启蒙阶段。由于本课紧贴学生日常生活，学生的情绪和心理应处于兴奋和好奇的状态。

（二）数字化实验设计说明

一般的水质检测仪器有如下几种。

COD 测定仪：测量水中有机物质的含量，含量越多，污染越严重。

BOD 速度计：测定水中生化需氧量（BOD）。

氨氮检测仪：测定水中氨氮，高浓度氨氮对鱼类有毒害作用。

全磷快速测定仪：用来检测总磷，过多的磷会导致湖泊富营养化，海湾出现赤潮。

总氮检测器：一种用于检测污水中总氮含量的智能仪器。

红外线油量计：地下水的测量和检测。地面水、生活污水和工业废水中的石油、动植物油及餐饮业油烟浓度。

COD 多参数测定仪：检测水中 COD、氨氮、总磷、总氮、溶解氧、浊度、色度、悬浮物。

污水五参数测定仪：主要测定污水中 CODCr、总磷、氨氮、悬浮物、总氮五项参数。

根据中学化学教学实际，本课采用的是综合的水质检测仪。水质检测仪是用于分析水质成分含量的专业仪表，主要测量水中 BOD、COD、氨氮、总磷、总氮、浊度、pH、溶解氧等项目的仪器。为了保护水环境，必须加强对污水排放的监测，水质检测仪在环境保护、水质的检测和水资源保护中起到了重要的作用。

水质检测仪原理：

一般的水质检测仪原理是通过电化学反应或者化学药剂反应使水中的相应物质参与其中，然后通过比色法、滴定法、电导率测量等方式计算出水中相应物质的含量。

水质检测仪按功能分为：多参数测定仪、单参数测定仪。

水质检测仪按测定项目分为：5BCOD 测定仪、BOD 测定仪、氨氮测定仪、总磷测定仪、浊度仪、pH 计等。

我们分别通过吸附、沉淀、过滤及蒸馏的方法，前后对比通过这些净水方法后水质里相应物质的含量。也可以通过仪器区分硬水、软水；以及通过仪器测出水中钙镁化合物的含量变化找到硬水转变为软水的方法。

（三）媒体设计

通过多媒体展示不同水源的水质情况，展示出不同净水方法的使用过程及效果，将水质检测仪和电脑显示器连接，直观表示出通过净水处理后水中物质的含量变化。

（四）设计框架

真实情境	大概念	核心知识	核心问题	核心活动	数字化实验	核心素养
学校周边的水质检测	水的净化有哪些方法？哪种方法净化水的程度最好	吸附、沉淀、过滤、蒸馏等净化水的方法	通过哪些方法可以净化水	亲手练习过滤、蒸馏等净水操作方法	通过水质检测仪验证这些净水方法是否有效	组织学生进行实验探究活动，联系学生的生活经验，激发学生学习兴趣，激励学生走向成功，感受成功的喜悦。在活动中培养学生的探究能力和健康的生活观念，感受化学对改善个人生活和促进社会发展的积极作用，增强学生对自然和社会的责任感

五、教学过程

【情景引入】学校周边水质检测

【活动元一】验证自然界中的水是混合物（9 min）

活动形式	活动过程与结果	教师活动
独立 完成 交流 评价 观看 实验 观察 记录 分析 总结	【观看图片】多媒体课件展示自然界中的河水。 【概念引入】自然界水的分布情况。根据已有知识，说说你知道的自然界的水存在于哪些地方？ 【提出问题】自然界的水是纯净物吗？ 【引入思考】我们把这些杂质分一下类，像泥沙、树枝这些不溶于水的杂质称为不溶性杂质，那些可以溶在水中的杂质，称为可溶性杂质。除此之外，水中还有一些有害的微生物和细菌。可见，自然界中的水含有各种各样的杂质，所以自然界的水是纯净物还是混合物？ 【演示实验】向学生介绍 COD 测定仪、全磷快速测定仪、总氮检测器、红外线油量计，并且取用学校周边的水进行检测：测量水中有机物质的含量，检测磷元素含量，检测水中氮元素含量和水中石油、动植物油及油烟浓度。 通过实验，发现水中有悬浮物以及很多可溶性物质。 【讨论分析】 学校周边的水以及自然界中的水中存在不溶性杂质，例如_____；也存在可溶性杂质，例如_____，所以属于混合物。纯水中只有水这种物质，属于纯净物	情景导入，展示图片，介绍自然界中水的分布情况；提出问题：自然界的水是纯净物还是混合物？ 虽然在这之前同学们都知道水中含有杂质，但不知道杂质的大致分类。通过该问题将同学们原有的知识结构完善，同时也为后面学习净化水的方法分别除去哪类杂质打下基础。引导学生分析实验数据，得出结论：自然界的水中含有不溶性与可溶性杂质，属于混合物，而纯水属于纯净物

【活动元二】探究净水的方法（10 min）

活动形式	活动过程与结果	教师活动
小组 实验 设计 方案	【引入新课】如何将自然界的水变得澄清透明呢？除此之外，还有哪些我们不知道的净水方法呢？由此引入本课要研究的课题——水的净化。 【方案设计】 以小组为单位进行分组实验，介绍水质检测仪及使用方法。连接好电脑让学生观察水质含量变化及净水后的对比。 ①拟选用水质检测仪有：_____	提出问题：生活中你都接触过哪些净化水的例子？ 从学生熟悉的生活实例入手，体会化学在实际生活中的广泛应用，引导学生选择合适传感器

续表

活动形式	活动过程与结果	教师活动
观看 实验 分析 总结	②设计实验方案： ───────────── ─────────────。 ③预测结果：净水环节的选择影响着水的净化程度。 【演示实验】数字化实验	设计实验方案；通过对水净化过程的初步探究，体验探究科学的一般过程，形成良好的学习习惯和方法；通过实际数据让学生深入理解水的净化方法

【活动元三】 了解并利用净水方法进行水的净化（14 min）

活动形式	活动过程与结果	教师活动
小组 汇报 整理 分析 提出 问题 演示 实验 分析 总结 交流 讨论	【汇报】各小组汇报实验成果，总结水的净化方法都有哪些？ 小组总结出水的净化方法：沉淀、吸附。 板书：沉淀、吸附 【提炼知识】最简单的方法就是将一杯水静止放置一段时间，我们会发现水中大的颗粒物沉降下来，我们把这种方法叫静置沉淀。静置沉淀后，水中还悬浮着许多小颗粒杂质，如何让它们沉降呢？可以在水中加入明矾，过一段时间水就变得清澈了，我们把这种方法叫吸附沉淀。 【演示实验】准备两杯水，一杯加入明矾，并用玻璃棒搅拌；另一杯作比较。 【提出问题】经过沉淀后，发现加入明矾的水杯中上层液体仍然较浑浊。如何让它变得更加澄清、透明，并且使沉淀的杂质和液体分离呢？ 【操作实验】教师指导实验并强调其中的注意事项（一贴、二低、三靠）。除了过滤器外，还需要哪些仪器？ 【提出问题】实验结束后，大部分同学得到澄清的液体，但也有同学得到的滤液是浑浊的，请帮他们分析一下原因	培养学生总结归纳问题的能力，把同学们知道的净水方法用书面语言表示出来。 激起学生兴趣，引导他们继续深入地思考。讲明矾主要是想让学生了解自来水厂的生产流程，虽然学生了解了静置沉淀，但对明矾吸附杂质、加快沉淀却很陌生，通过实验让学生对明矾净水有了较深刻的认识。引导学生进一步思考净化程度更高的净水方法。 过滤是本节课的一个重点，同时也是一个难点，主要讲过滤器的制作以及过滤操作。先给学生一个正确的认识，再分析这样做的原因以及容易出错的地方。 观察滤纸，让学生很容易得出过滤的原理以及除去的杂质类别。 发散学生思维，联系生活实际，让学生感受到生活中处处有化学，激发学生的学习兴趣，突出了重点，降低了难点

续表

活动形式	活动过程与结果	教师活动
	【思考】请同学们取出滤纸,看看上面有什么?由此可知过滤除去的是哪一类杂质?生活中你还知道哪些过滤的例子?哪些物品可以代替滤纸、漏斗? 【观看视频】走进东湖公园净水厂的净水车间。 刚才我们只是将少量的水加以净化,自来水厂是如何净化水的呢? 【演示实验】演示活性炭加入红墨水中红色褪去的实验。观察实验现象,得出实验结论。 【举例子】生活中的饮水机,防毒面具等,归纳这类方法为活性炭吸附	通过探究水的净化方法与自来水厂的净化流程,让学生了解净化水的方法。 我们平时喝的每一滴水都需要这样复杂的净水过程,引导学生了解自来水厂的净水过程,节约用水,爱护水资源,体现情感态度和价值观

【活动元四】认识硬水软水及硬水转化成软水 (7 min)

活动形式	活动过程与结果	教师活动
交流 讨论 心得 分享	【提出问题】刚才同学们过滤后的水可以直接饮用吗?是纯水吗?为什么? 思考、交流、回答 【演示实验】如何区别硬水和软水? 两个等大的烧杯分别放入等量的自来水(硬水)、纯净水(软水),加入等量的肥皂水后用玻璃棒搅拌。 观察实验现象: 一个泡沫多 一个泡沫少 【总结实验结论】 【思考】生活中你接触过硬水吗?使用它会有哪些危害? 联系生产生活回答。 硬水如何软化? 引出水的净化方法——蒸馏,这既是硬水软化的方法,又是净化程度最高的方法;介绍实验室制取蒸馏水的装置原理及注意事项	引出硬水与软水 明确硬水与软水的区别与检验,渗透对比实验中的控制变量思想。 通过对硬水危害的调查报告、讨论交流,让学生了解硬水软化的必要性,学会区分硬水和软水。 学会硬水软化的方法。 鼓励学生进行科学实验。 锻炼学生的动手能力和创造能力,让学生对水的净化进行深入思考

续表

活动形式	活动过程与结果	教师活动
	联系生活实际回答，观察蒸馏水的制取实验。 引导学生谈感悟，给学生提供展示自己的舞台。 【家庭小实验】 利用所学知识自制简易净水器	

六、板书设计

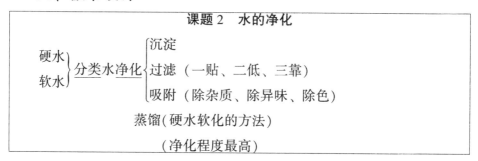

七、教学反思

1. 贴近生活、联系社会实际、增加动手实践能力是激发学习兴趣的重要方法，也是学生的强烈希望和要求，更是学生适应现代生活和未来发展、提高科学素养和人文素养的需要。因此，教学时要注意从学生熟悉的身边现象入手，寻找新的视角和切入点，增强学生学习的兴趣，通过发现问题、展开探究以获得新的知识和经验，加深在生活实际中应用知识的意识，有意识地引导学生从多个角度对有关问题作出价值判断，培养学生的社会责任感、参与意识与决策能力。把握已有经验是激发学生创新潜能、提高实践能力的重要前提。

2. 从教学过程与调查所见，科学探究能力的形成与发展是一个逐步提高、不断进步的过程。教学时立足于学生的学习基础、能力发展水平以及兴趣爱好和潜能，根据其形象思维、感性思维和经验型的逻辑思维为主的特点，设计必要的教学环节，让学生自我发现其原有认识中不科学和片面的成分，提高学生的实践能力。

3. 完善学生自我评价、活动表现评价等多种评价方式，是关注学生个性发展、激励学生走向成功、改进教师教学方式的有利途径。

4. 在实验教学中，不要怕学生失败，只有经历过错误的实验操作才能让学生记忆深刻。在不同的班级采用不同的教学方法，如此才能取得良好的教学效果。

参考文献

[1] 钟启泉. 为了中华民族的复兴　为了每位学生的发展：基础教育课程改革纲要（试行）解读［M］. 上海：华东师范大学出版社，2001.

[2] 钟启泉，崔允漷，张华，等. 为了每一个学生的发展——新世纪中国基础教育课程改革刍议［J］. 全球教育展望，2001（2）：3-8.

[3] 张亚星. 自主·合作·探究：学生学习方式的转变［J］. 华东师范大学学报（教育科学版），2018，36（1）：22-28，160.

[4] 祁翔. 教师专业自主对学生学业及非学业表现的影响［J］. 教育科学，2016，32（3）：29-36.

[5] 王立新，钱扬义，苏华虹，等. 手持技术数字化实验与化学教学的深度融合：从"研究案例"到"认知模型"——TQVC 概念认知模型的建构［J］. 远程教育杂志，2018，36（4）：104-112.

[6] 邓玉华，杜丽君. 数字化实验在化学核心素养"宏观辨识与微观探析"维度的教学应用——以弱电解质的教学为例［J］. 化学教育（中英文），2019，40（21）：77-81.

[7] 林丹萍，钱扬义，王立新，等. 手持技术数字化实验支持下的抽象化学概念学习——以探究比较丁醇同分异构体的分子间作用力大小为例［J］. 化学教育（中英文），2020，41（1）：74-78.

[8] 季敏敏. 基于数字化实验的氢氧化钠变质问题的探究［J］. 中学化学教学参考，2019（3）：38-39.

[9] 锁玮，吴晓红. 如何在化学实验教学中有效整合数字化资源［J］. 中小学数字化教学，2019（9）：78-81.

[10] 韦存容，叶静，马宏佳. 用数字化实验探究含氟牙膏背后的化学原理［J］. 化学教育，2016，37（21）：55-58.

[11] 杨银. 论教师教育情感的"内卷化"危机与破解［J］. 教师教育研究，2022，34（4）：7-13.

[12] 王澄. "基于小组合作的高中化学数字化实验研究."［J］化学教与学，2018（7）：74-76，73.

第六章

数字化实验在项目式学习中的应用

第一节 数字化实验在中学化学项目式学习中的应用综述

一、项目式学习的研究综述

（一）国外研究现状

国外最早提出项目式学习理念的是杜威，1896 年，他在芝加哥大学实验学校提出了一种新的教学方式——设计教学法，其核心内容是让学生根据自身的需要选择所要学习的内容，提前培养学生适应社会生活的实践能力，这是项目式学习的最前身。1918 年，杜威的学生克伯屈第一次正式命名项目式学习，并在其《项目（设计）教学法》一文中对其含义进行了解释："项目方法——在教育过程中有目的、有意义行为的使用。"随着克伯屈对项目式学习定义的详细描述和界定，项目式学习在教育界引起了广泛的关注。除此之外，他还在《项目方法》一文中列举了很多关于学生做项目是否有目的、有意义的例子，以此认为项目式学习是一种学习方法，随着教育的不断发展，更多的学校教育将此认定为一种教学方法。但是，即使在教育界掀起了狂热大潮，对项目式学习具体的概念定义还是没有统一说法。

18 世纪末 19 世纪初，项目教学传至美国，并在美国的工业教育领域中流行起来。19 世纪中期美国华盛顿大学理工学院院长在研究了苏联教学体制后，倡导在美国中学的手工工艺课上推广项目式学习。20 世纪初，美国的教育家查德和丽莲凯茨在其共同撰写的《启迪孩童的心智：项目教学》中，主要阐述了项目式学习的核心理念和具体实施的步骤，斯蒂姆森将其理念运用在职业教育中。从此，项目式学习被美国教育界所接收，是最早提出和应用项目式学习的国家。其后，经过长期实践，美国工商管理硕士将"项目教学法"列为独特的教学方法，要求学生真实地参与项目设计、项目的开展与实施、整个项目的管理工作以及完成项目实施过程中的额外任务。至今，项目式学习在美国中小学和大学都得到了广泛应用，其在美国的发展非常成熟，这些学校不仅注重学生基础理论知识的掌握，更注重学生实践能力的培养，将理论与实际相结合，从而培养学生的综合能力。

随着项目式学习的广泛传播，20世纪60年代欧洲各国兴起教育改革活动，开始积极向美国借鉴学习模式，项目式学习得到了更大的发展。最具有代表性的是德国职业教育的"双元制"，它的应用在世界上广为人知。德国职业教育的改革将项目式学习直接作为一种新的教学模式应用在学校，比如说西门子柏林技术学院的教师培训等。20世纪中后期，项目式学习得到了快速的发展，德国开展的"项目周"，颁布了《课堂项目》条例，认为项目式学习符合社会的教育目的，即培养适应社会的综合性人才。法国在其初中、高中及大学预科的教学中都开设了项目式学习相关课程；挪威政府鼓励学生在解决问题的过程中学习知识；丹麦教育部规定在高职院校和大学开展项目式学习；此外，一些亚洲国家如新加坡、日本、印度等都在积极探索项目式学习及其应用。在实际开展过程中，各国的项目式学习呈现的模式也各有不同。

到目前为止，国外对于项目式学习的研究依然没有停止，例如在巴列斯特罗斯等人发表的论文中，以离心泵的设计、装配和表征让学生开展实践；在谢曼等人发表的论文里，论述了在大学电气工程课程的专业知识教学中实施项目式学习。除了这些发表的论文中有对项目式学习的研究，一些教育研究所也对其进行了深层次意义上的研究。例如，美国的巴克教育研究所，经研究，他们将项目式学习模式定义为：一套以课程标准为核心的系统化的教学方法。为了保证项目和评价过程的有效性，研究所制定了六条高质量的项目式学习标准：要求学生深度学习，批判性思考；项目更多的是与生活相关；

学生之间、师生之间鼓励合作；所有学生应熟悉整个项目流程；项目完成后进行反思；项目结束后公开展示、讨论结果。

通过对国外项目式学习教育研究现状的梳理可以看出，项目式学习的覆盖范围是非常广的，在很多领域都有项目式学习的应用案例，其中有一些是与科学教育结合的，但是与真正学科知识相关的课堂教学是非常少的。国外开展项目式学习研究的经验值得我们思考和借鉴，但是考虑到国内外教学实际的不同，直接采用国外的方法是不太适用的。因此，如何构建符合我国国情的项目式学习教育教学模式是值得教育工作者深入思考和研究的。

（二）国内研究现状

项目式学习在我国出现以后，许多专家和学者对其进行了多角度、多层次的分析和研究。通过搜索中国知网数据库可以得出：以"项目式学习"作为关键词，时间在 2010 年 1 月至 2022 年 8 月之间进行文献检索，共筛选出相关中文文献 3 640 篇。

我国现有研究中对项目式学习的研究有很多不同的主题和角度，其中，"项目式学习""教学设计""STEAM""核心素养"等主题的相关文章对本研究具有参考意义。研究层次一般集中在基础研究（社科）和基础教育与中等职业教育中。国内的项目式学习研究领域较多集中在教育领域，其他领域涉及相对较少。

改革开放以后，我国对于素质教育的改革不断推进，1985 年提出了改革教育质量提高民族素质的基础方针，1999 年提出了教育的目的就是培养德智体美劳发展的全面人才。1998 年，有关于项目式学习的研究开始传入国内，之后国内教育者开始慢慢接触项目式学习。2001 年，查德在北京举办了一场"项目教学"的讲座，正式拉开了项目式学习在我国发展的序幕。自此以后，越来越多的教育工作者对项目式学习展开了积极的探索。

赵纯琪在地理教学中，以"校园垃圾分类投放与处理"为主题进行项目式学习，规划和设计校园垃圾桶设置与分类投放标记系统。地理项目式学习是把项目及项目管理的理念应于地理教学中，学生聚焦实际生活中的真实问题，运用地理学的概念和原理，通过调查、合作、探究、创作、交流等行动过程，建构知识和技能，发展核心素养。

黄冬明和聂振雯基于项目式学习设计了"双环互动教学模式"，该教学模式是一个双环同心结构。内环上的小圆圈代表教学活动的各个阶段，内环中由直线所划分的区域中的内容为学生在各个阶段所开展的活动；外环是各方框内的内容，是教师在对应各个阶段所从事的各项活动，教师是作为一个指导者、帮助者、资源提供者起作用的。在此结构中，体现了以学生的学习为中心，所有的教学活动都围绕学生的学习来设计和开展。

二、项目式学习与化学教学的研究综述

河北师范大学靳雨在其硕士学位论文中介绍了项目式学习的构建原则、构建思路，她利用美国政治学家拉斯维尔提出的"5W1H"分析法对《中学化学教学技能实训》进行项目式学习方案设计，具体内容见表6-1，这种构建思路可以为教师进行项目式学习活动设计提供参考。

表6-1 "5W1H"分析法具体内容

5W1H	代表意义
What	是什么？要明确做什么事情
Why	为什么？要知道为什么做这件事情，意义是什么
Who	"谁"？即需要谁来参与活动
When	"何时"，即活动进行的时间规划
Where	"何地"，即在哪里开展活动
How	"怎么做"，即如何开展活动

张梦针等以"如何解决生活中的白色污染"作为主题进行项目式学习研究，让学生掌握常见塑料的种类、原料和合成原理，发展学生运用知识解决生活问题的能力，培养学生的科学探究意识。通过项目式学习的学习过程提高学生的学习兴趣，培养学生的核心素养。

全芙君等介绍了自己学校开设项目式学习实验班的实施情况，以"食品中铁元素含量的测定"进行教学，提出项目的驱动型问题，依据问题将项目划分成若干个子项目，在解决子项目问题的过程中适时地引入基础课内容，从而将教材的内容与项目有机地结合在一起。

洪清娟针对项目式学习过程中项目选择的综合性和复杂性、项目实施过程的实践性和思考性、项目交流展示过程的开放性和体验性展开研究。洪清娟首先从生活经验导入带领学生回顾"暖贴"的用法，然后引导学生设计实验方案自制暖贴，制定研究方案等，有利于培养学生的科学思维。

吴晗清基于物理、化学、生物三门学科的融合，紧密结合学科知识，设计了解决真实情境问题的项目式学习方式，以如何制作"面膜加热贴"为项目的核心问题并制订相关的学习目标。学生在学习过程中不断地发现和探索，全面培养了学生的核心素养。

三、数字化实验应用于化学项目式学习的综述

项目式学习是促进学生深度学习的一种重要教学模式和学习方式，而数字化实验是提高学生科学探究能力的重要技术手段，将二者有效地融合在一起，将对发展学生化学学科核心素养起到重要作用。在中国知网词条检索中，以"数字化实验项目式学习"为关键词搜索，只筛选出4篇文献。

王雅敏等基于DIS技术的项目式学习，以"催化剂"为例，利用数字化实验探究催化剂对化学反应速率的影响。通过确定项目主题：过氧化氢分解中催化剂的选择，教师进行项目的整体规划，并组织学生实施。学生从多角度分析选择催化剂的影响因素，例如浓度、酸碱性等，能够根据假设提出多种探究方案，并在探究过程中优化方案，利用数字化实验定量分析实验结果。

杨栋梁基于数字实验对氢氧化钠变质成分的探究，利用传感器完成滴定实验，从项目筹划到小组分工再到实验过程，每一步都在提升学生的综合素质。

田斌等利用数字化实验探究餐桌上的醋，了解有机物醋酸的应用。利用数字化实验仪器，设计对比实验，测定食醋中醋酸的含量，培养学生的"证据推理与模型认知"、"科学探究与创新意识"素养。

数字化实验对项目式学习有重要作用，利用数字化实验可以使模糊的实验现象清晰呈现，可揭示反应内涵和本质，而基于数字化实验的项目式学习能够促进学生学科能力和学科素养的提升。然而，目前将二者结合起来的研究相对较少。中小学科学教育的课程标准经历了多次修改，但教学目标都是

在掌握基础知识的前提下，培养学生的创新能力和解决实际问题的能力，所以在中小学科学教育中融入项目式学习至关重要。化学是一门研究物质的性质、组成、结构、变化和应用的科学，化学教学自然是科学教育的一部分。本研究在此基础上，从化学学科出发，将项目式学习与数字化实验进行融合，开发了运用数字化实验的项目式学习教学设计，使之能够为化学教学提供一些新的思路。

参考文献

［1］威廉・H. 克伯屈. 教学方法原理——教育漫谈［M］. 王建新，译. 北京：人民教育出版社，1991.

［2］赵纯琪. 项目式学习在高职地理教学中的应用［J］. 产业与科技论坛，2020. 19（24）：111-112.

［3］黄冬明，聂振雯. 基于 PBL 双环互动教学模式的研究［J］. 宁波大学学报（教育科学版），2010, 32（1）：119-122.

［4］张梦针，李海燕. 项目式学习在中学化学课堂中的应用——以"如何解决生活中的白色污染"为例［J］. 教育现代化，2019, 6（97）：241-243，251.

［5］全芙君，申敬红，相红英. 基于项目的科学教学的方法与策略在高中化学中的实践［J］. 化学教育，2014, 35（5）：8-10.

［6］洪清娟. 基于提升初三学生化学思维品质的项目式学习设计——以探秘铁粉型的暖贴为例［J］. 化学教与学，2019（7）：18-21.

［7］王雅敏，杨光辉. 基于 DIS 技术的项目式教学——以"催化剂"为例［J］. 教育，2019（48）：64-68.

数字化实验在中学化学
项目式学习的应用案例

应用数字化实验的中学化学项目式学习教学设计（一）

氢氧化钠与二氧化碳的反应再探究

成都高新新科学校　车鑫

一、教学内容分析

（一）教学基本信息

学段	教材	教材章节	课时
初三	人教版化学九年级下册	第十单元　课题1 常见的酸和碱	1 课时

（二）教材分析

1. 课标分析

（1）内容要求

要求学生能完成基本的实验操作，增进对科学探究的理解，发展科学探究能力；认识氢氧化钠的化学性质。

（2）学业质量水平要求

认识氢氧化钠的主要性质和用途。

2. 教材编写分析

（1）教材地位与作用

本课题的内容属于九年制义务教育课程标准中的主题一：科学探究与化学实验中科学探究能力和化学实验探究的思路和方法内容，在学习酸碱的基本化学性质之后再进行教学。通过学习，让学生更加深入地了解碱的性质并应用于日常生活中，对学生今后参加相关的社会实践具有非常重要的作用。

（2）教材素材处理说明

实验"氢氧化钠与二氧化碳反应"是人教版化学九年级下册第十单元课题2《常见的酸和碱》之氢氧化钠的内容，其中氢氧化钠会和二氧化碳反应是氢氧化钠一个重要的化学性质，由于该反应在发生时并没有可见的实验现象，学生对实验缺乏直观感性的认识，教材对这部分知识处理的时候也只是直接给出了二者反应的化学方程式，并没有编排实验，学生掌握起来比较困难，因此在基本教学完成之后设计一堂课对该实验进行再研究，以常见的碱的化学性质为基础，通过实验探究的方法让学生获得感性认识，培养学生的实验技能、分析能力及与他人交流合作的能力。

（三）落实学科核心素养分析

本课题以氢氧化钠与二氧化碳的反应再探究为例，通过情境导入，提出问题；实验探究，事实求证；证据推理，得出结论；归纳总结，完善模型认知等方式来培养学生"证据推理和模型认知"的化学学科思维，让学生知道探究化学反应发生的一般思路、拓宽学生视野，培养学生的科学探究精神。

通过实验探究让学生对自然界物质及其变化充满好奇心，提升学生的探究热情和审美情趣；引导学生热爱科学学习，逐步形成崇尚科学、严谨求实的科学态度，大胆质疑，追求创新，反对伪科学。

（四）学科核心素养与数字化实验设计关联分析

通过引入数字化实验，将观察不到明显实验现象的实验转化为显现，使实验更加直观和立体，同时数字传感器的引入可以培养学生实验探究能力、对图形和数据的处理能力、证据推理能力，提升学生化学核心素养。

二、学情分析

（一）已有基础

学生已经学习了碱的常见化学性质、氢氧化钠的物理和化学性质、二氧化碳的相关性质，具备了一定的实验探究能力。

（二）障碍点

学生对于无明显实验现象的实验缺乏直观感性的认识和理解；多数学生只对化学实验现象感兴趣，对过程、结论缺乏认真思考；学生习惯于被动接受式的传统教学，缺乏合作意识，以及独立发现和自主学习与探究的能力。

（三）发展点

通过将无明显实验现象的实验设计成直观可视的实验，可以帮助学生理解类似氢氧化钠与二氧化碳等反应现象，让学生把化学实验当作一件非常有趣的事情，提升他们的好奇心和求知欲。

三、目标分析及重难点

（一）教学目标

1. 初步形成从反应物的减少和生成物的增加来认识化学反应的模型。

2. 通过将传统实验与数字化实验相对比，让学生体会不同实验方法的优缺点。

3. 培养学生的创新能力和科学探究的精神，建立实验探究的认知模型。

（二）评价目标

1. 通过探究氢氧化钠与二氧化碳反应，诊断并发展学生的实验探究能力。

2. 通过归纳判断氢氧化钠能与二氧化碳反应的依据，诊断并发展学生构建判断化学反应是否发生的认知模型。

3. 通过将传统实验与数字化实验相对比，诊断并发展学生对实验评价能力的认识水平。

（三）教学重难点

1. 重点：建立证明无明显现象的化学反应发生的实验设计思路。

2. 难点：探究氢氧化钠溶液与二氧化碳反应实验方案的设计。

四、教学设计思路

（一）大概念：化学变化和碱的化学性质

（二）数字化实验设计说明

利用压强传感器探究二氧化碳与氢氧化钠的反应，说明有气体参加的化学反应中密闭容器内压强会发生变化，从而验证氢氧化钠和二氧化碳的确发生反应。

（三）设计框架

真实情境	核心知识	核心问题	核心活动
集气瓶"吞"鸡蛋、瘦身塑料瓶、变胖小气球	化学反应、碱的化学性质	对于无明显现象的化学反应，如何判断化学反应的发生	验证氢氧化钠和二氧化碳反应后密闭容器内压强减小
打开可乐瓶盖后有大量气体溢出	二氧化碳的吸收与释放	通过化学变化能实现二氧化碳的吸收与释放吗	实验探究二氧化碳的吸收与释放

五、教学过程

【情境引入】小实验：集气瓶"吞"鸡蛋（2 min）

【活动元一】 温故知新（7 min）

活动目标	活动形式	活动过程与结果	教师活动
提出问题	实验探究 思考讨论	【回忆】碱有哪些化学性质？ 【提问】（1）碱与指示剂作用：碱能使石蕊试液变_____，使无色酚酞试液变_____。 （2）碱与某些非金属氧化物反应。 【教师演示实验】 CO_2 →　　　　　CO_2 → 石灰水　　　　　NaOH 溶液 【思考】CO_2 与 $Ca(OH)_2$ 反应有沉淀生成，而 CO_2 与 NaOH 反应无现象。如何设计实验证明 NaOH 和 CO_2 确实发生了反应	通过提问引导学生回忆，在回忆中引发学生思考。 对于没有明显实验现象的实验如何设计实验证明反应的发生

【活动元二】 探究暖宝宝发热原理（17 min）

活动目标	活动形式	活动过程与结果	教师活动
从生成物的增加角度证明反应的发生	设计实验 总结归纳讨论交流	【讨论】根据所提供实验药品，证明产生了碳酸钠。 【实验】往反应后的溶液滴加盐酸或者氯化钙，观察和记录现象。 表格： 实验药品 | 现象 | 方程式 将盐酸滴入反应后溶液中 | | 将氯化钙滴入反应后溶液中 | | 【小组展示】实验设计思路：证明_____。 【反思】能否往反应后的溶液中滴加酚酞证明反应的发生？ 【总结】Na_2CO_3 溶液都显碱性，不能通过酚酞指示剂来判断	引导学生观察记录现象，向学生提高，并对学生的回答作评价

【活动元三】 影响铁锈蚀速率的因素（15 min）

活动目标	活动形式	活动过程与结果	教师活动
从反应物的减少证明反应的反生	设计实验 交流评价	【讨论】提供以下仪器、用品和试剂（NaOH 溶液、CO_2、水、红墨水等），设计实验方案。 试管　软塑料瓶　烧瓶　烧杯　烧瓶 导气管　气球　单、双控橡胶塞　分液漏斗 【填写】 | 设计方案	操作	预测现象 | |---|---|---| | | | | 【实验反思】CO_2 和 NaOH 溶液混合后，密闭容器内压强减小，有没有其他干扰因素？若有，如何设计实验排除干扰	引导学生进行实验的设计，适时进行指导。 引导学生进行实验分析，通过控制变量法设计对比实验
	验证实验 总结汇报 观看实验 反思交流 实验验证 总结提升	【分组实验】①瘦身塑料瓶 ②变胖小气球。 【实验拓展】利用数字化压强传感器探究氢氧化钠和二氧化碳的反应。 【演示实验】在密闭容器中分别测定 20 mL 氢氧化钠和水分别与等体积二氧化碳反应后的压强，得到压强随时间的变化图。 【提问】氢氧化钠能与二氧化碳反应的依据是什么？在实验中，一开始压强突然增大的原因是什么？ 【教师展示】通过 pH 传感器检验反应过程中碱性的减弱，证明反应的发生。 【方法提炼】如何设计实验证明<u>无明显现象的化学反应</u>？ 【思路 1】证明_____。若反应物中有气体，可在密闭容器设计实验，利用压强的变化显现相应的现象。 【思路 2】证明_____	引导学生完成知识的总结回顾和学习方法的提炼；学生展示后评价并鼓励学生，激发学生的学习兴趣

六、板书设计

氢氧化钠与二氧化碳反应的再探究

如何设计实验证明<u>无明显现象的化学反应</u>

证明生成物的增加

——证明有 Na_2CO_3 生成

证明反应物的减少

——证明二氧化碳或者氢氧化钠的减少

七、教学反思

（一）教学中的真问题

1. 教学实施过程

利用 pH 和压强数字化实验仪器实时生成的数据图，设计典型问题提问学生，帮助学生将生涩的问题生动化，加深学生对同类题型的理解。通过生动的实验现象帮助学生理解重点知识，培养学生的科学探究精神。

2. 学生真实问题

在情景创设中发现问题，设计实验、验证实验、反思实验，在学生生成的真实问题中解决本课题的学习；课堂容量大，实验多，课堂时间的把控有一定难度。

（二）改进提升思考

本课题中还可以采用温度传感器、湿度传感器等验证反应的发生。

应用数字化实验的中学化学项目式学习教学设计（二）

探究影响过氧化氢分解速率的影响因素

成都高新新源学校　杜西亚

一、教学内容分析

（一）教学基本信息

学段	教材	教材章节	课时
九年级	人教版化学九年级上册	第二单元　课题3　制取氧气	1课时

（二）教材分析

1. 课标分析

（1）内容要求

初步学习氧气的实验室制法，归纳实验室制取气体的一般思路与方法；了解化学反应需要一定的条件，知道催化剂对化学反应的重要作用。

（2）学业质量水平要求

学生能设计简单实验，制备并检验氧气；能运用控制变量的思想、绿色环保理念设计实验探究方案，完成物质的制备、检验等任务。

2. 教材编写分析

（1）教材地位与作用

本课题是人教版化学九年级上册第二单元课题3的拓展课。在课题3中，学生认识到二氧化锰对过氧化氢分解起催化作用。除了二氧化锰，在教材第42页中的课后习题还提到了红砖粉作为过氧化氢分解的催化剂，但在实际教学中，教师往往会略过这个习题，并未深入讲解。学生知道一个实验可以有多种催化剂，但并未真正通过实验探究得出这个结论，而是被老师直接"灌输"得到的。综上，探究不同催化剂对过氧化氢分解的影响、探究过氧化氢分解影响因素是有意义的科学探究活动。

通过探究过氧化氢分解影响因素，学生能根据已有知识和生活经验提出可能的影响因素，用控制变量的思想设计实验，合作完成数字化实验探究，在小组讨论和交流中得出结论。整个过程既是对学生科学探究能力的培养，更强调将知识内化为能力，提升学生实验操作能力、小组合作能力、知识迁移运用能力、化学学科素养、社会责任意识。

（2）教材素材处理说明

教材第 38 页探究活动"分解过氧化氢制氧气的反应中二氧化锰的作用"运用控制变量的思想让学生认识到二氧化锰对过氧化氢分解起催化作用。教材第 42 页课后习题第 4 题提出用红砖粉和过氧化氢制取氧气，得出"探究不同催化剂对过氧化氢分解"速率影响的问题。

学生结合已有知识和生活经验，提出影响催化剂效果的可能因素，比如催化剂种类、反应物浓度、反应温度等。探究"反应物浓度"可以对教材第九单元中浓溶液和稀溶液的学习起到铺垫作用；探究"温度"可与教材第三单元中"温度越高分子运动速度越快"的知识点联系起来。以"探究不同催化剂对过氧化氢分解"为中心，引导学生思考过程中自然而然联立其他知识点。

（3）落实学科核心素养分析

本课题紧紧围绕化学学科核心素养展开，通过分小组探究过氧化氢分解速率的影响因素，体现"能结合具体探究活动说明科学探究的要素及各要素之间关系；能独立或经过启发发现和表述有探究价值的问题，提出猜想与假设；能设计简单的试验方案或实践活动方案；能独立或与他人合作开展化学实验，收集证据；能基于事实，分析证据与假设的关系，形成结论；能撰写简单的实验报告，并与他人交流和评价探究过程及结果"的教学目标。让学生"通过探究活动，初步养成注重实证、严谨求实的科学态度，初步学会批判性思维方法，具有敢于提出并坚持自己的见解、勇于修正或放弃错误观点、反对伪科学的精神"。

（4）学科核心素养与数字化实验设计关联分析

通过引入数字化实验，结合数字化实验数据测定过氧化氢制备氧气速率，分析催化剂、温度、浓度等条件对过氧化氢分解速率影响，提高数据处理能力，发展证据推理能力，形成利用化学知识来解决真实问题的意识，培养科学精神和社会责任感。

二、学情分析

（一）已有基础

已掌握化学仪器使用方法，能正确完成试剂取用、简单仪器的使用及连接、加热等基本实验操作；已在教师指导下探究过"蜡烛燃烧"、"人体吸入的空气和呼出气体对比"等现象，知道了科学探究的基本环节；已经学习并初步掌握实验室制氧气的基本方法；能够在教师指导下，小组合作完成科学探究活动。

（二）障碍点

对化学反应速率影响因素缺乏系统了解；在化学学科中未系统学习通过控制变量思想设计实验，科学探究能力欠缺；未接触过数字化实验，数字化仪器的使用和数据分析能力欠缺。

（三）发展点

深入体会控制变量法的实验思想，知道化学反应速率的影响因素；提高实验探究能力和分析总结能力；发展自主学习能力和高阶思维；初步形成化学知识可促进社会可持续发展、进步的正确认识。

三、目标分析及重难点

（一）教学目标

1. 学生在教师引导下探究过氧化氢分解速率的影响因素，并能够提出猜想，设计实验。

2. 学生在教师指导下，小组合作完成数字化实验探究，观察现象，正确记录数据。

3. 学生通过交流讨论，得出过氧化氢分解速率的影响因素。

（二）评价目标

1. 学生能经过启发发现和表述有探究价值的问题，提出猜想与假设；能设计简单的试验方案或探究活动。

2. 学生能与他人合作开展化学实验，收集证据。

3. 学生能基于事实，分析证据与假设的关系，形成结论。

（三）教学重难点

1. 重点：引导学生发现并表述探究主题"探究过氧化氢分解速率的影响因素"；引导学生结合控制变量思想，设计实验；学生通过小组合作完成数字化实验探究，交流讨论，得出实验结论。

2. 难点：通过引导学生发现并表述探究主题"探究过氧化氢分解速率的

影响因素"；引导学生结合控制变量思想，设计实验。

四、教学设计思路

（一）大概念：化学变化

（二）数字化实验设计说明

利用氧气传感器进行实验探究，验证催化剂种类，试剂浓度对过氧化氢制氧气反应速率影响；利用温度传感器实验探究，验证温度对过氧化氢制氧气反应速率影响。

（三）设计框架

真实情境	核心知识	核心问题	核心活动
过氧化氢制氧气反应速率影响因素？	催化剂	催化剂能改变化学反应速率？	验证催化剂对过氧化氢制氧气的催化作用。
	化学反应速率	化学反应速率影响因素？	实验探究化学反应速率影响因素。

五、教学过程

【情境引入】小实验：集气瓶"吞"鸡蛋（2 min）

【任务一】温故知新（7 min）

活动目标	活动形式	活动过程与结果	教师活动
引导学生提出本节课学习主题，实验探究目标	积极思考举手发言小组讨论 展示交流	展示教材 P42 课后习题。 【思考】红砖粉在过氧化氢分解中可能起什么作用？ 【讨论】二氧化锰和红砖粉都可以作为过氧化氢分解催化剂，那他们对过氧化氢分解的催化效果是否相同？还有哪些因素可能影响过氧化氢分解的速率？ 【交流】小组代表展示讨论结果，学生提出本节课探究主题——"过氧化氢分解速率影响因素"。 ①_____②_____③_____	播放 PPT，展示教材 P42 课后习题和 P38【探究】，引导学生思考红砖粉的作用？除了催化剂还有哪些因素可能影响过氧化氢分解速率？在交流中引导学生自主发现、并清晰表达出本节课探究主题

【过渡】要探究过氧化氢分解速率影响因素，根据科学探究的流程，接下来我们应该做什么呢？

185

【任务二】 从生成物的增加证明反应的反生（9 min）

活动目标	活动形式	活动过程与结果					教师活动
学生根据实验方案，小组进行交流展示。	小组讨论 展示交流	探究不同催化剂对过氧化氢分解速率影响					引导学生根据所提供的实验药品，设计实验方案；组织小组代表交流方案，得出最终实验方案
		组别	过氧化氢体积/mL	过氧化氢质量分数/%	催化剂种类	反应温度/℃	
		1	2	5	二氧化锰	25（室温）	
		2	2	10	二氧化锰	25（室温）	
		3	2	5	红砖粉	25（室温）	
		4	2	5	氧化铜	25（室温）	
		5	2	5	二氧化锰	0	
		6	2	5	二氧化锰	40	
		【讨论】小组讨论、设计探究过氧化氢分解影响因素试验方案，并记录在实验报告中。 【交流】小组代表分享小组的实验方案，结合各小组方案，完善方案					

【过渡】 实验方案已经有了，那让我们通过实验来验证事实和我们的猜想是否符合？

【任务三】 从反应物的减少证明反应的反生（22 min）

活动目标	活动形式	活动过程与结果	教师活动
	小组合作完成实验	【实验】全班分为六个小组，催化剂种类、过氧化氢浓度、反应温度各由两小组进行探究。小组合作完成数字化实验探究，并将实验数据记录在实验报告中。	

活动目标	活动形式	活动过程与结果	教师活动
学生进行数字化实验探究,记录现象,分析数据,得出结论并进行交流展示。	交流展示汇报结果 分享收获	探究目的:_____对过氧化分解速率影响 | 组别	过氧化氢浓度	催化剂种类	反应温度 | |---|---|---|---| | | | | | 数据记录: O₂浓度mg/cm³ 0 实验结论: 【交流展示】各小组汇报实验结果,得出实验结论。 过氧化氢分解速率影响因素: ①_____; ②_____; ③_____。 【分享与讨论】学生交流本次实验探究收获。 探究过程、探究启示、数字化实验引发思考等	指导学生实验操作、记录数据、分析数据,得出实验结论。 鼓励学生大胆交流,分享实验数据结论,并引导学生分析数据得出实验结论。 树立实验安全意识和观念,培养学生批判性思维、严谨的科学态度

六、板书设计

探究过氧化氢分解速率影响因素

一、提出猜想

　　①催化剂种类　②过氧化氢浓度　③反应温度

二、设计实验

　　控制变量法

三、交流与讨论

①二氧化锰、红砖粉、氧化铜都可以做过氧化氢分解催化剂，二氧化锰催化效果最好。

②过氧化氢浓度越高，过氧化氢分解速率越快。

③随反应温度升高，过氧化氢分解速率先增大后减小。

七、教学反思

（一）教学中的问题

学生第一次接触数字化实验，对仪器使用很不熟悉，需要教师进行指导；学生做完实验，得到曲线图，但是不会自主分析，对于曲线图比较陌生，不知道怎么分析，需要教师引导。

（二）改进提升思考

数字化实验仪器的使用要在课前抽时间指导学习，以免耽误课堂时间；数字化实验能够及时、直观、准确地得出氧气浓度随自变量的变化趋势，有助于培养学生严谨的科学态度；在条件允许的情况下，尽量将数字化实验教学融入日常教学中。

第七章

数字化实验在化学中高考试题中的应用

第一节 数字化实验在化学中高考试题中的应用综述

一、数字化实验融合的中考试题分析

（一）概述

有关教育评价改革、中考改革的文件指出，中考试题命题要依据课程标准，落实立德树人，既要考查基础知识，也要考查学生的思维过程、创新意识和解决问题的能力，适度提高探究、开放、综合性试题的比例，数字化实验融合的中考试题就很好地体现了上述要求。近年来，数字化实验融合的试题成为一些省市中考的命题热点甚至必考题型。中考试题中的数字化实验来源于教材基本实验和核心内容，考查了学生的必备知识和基本技能，以及证据推理意识和思维的缜密性，重视"问题—证据—解释"间的推理，也体现了科学探究与实践的核心素养的考查。

（二）试题分析

以下列举 2018—2022 年成都市和其他省市的与数字化实验有关的中考试题（表 7-1、表 7-2），从试题情境、考查的必备知识、核心素养展开具体分析。

表 7-1　成都市 2018—2022 年数字化实验融合的中考试题分析

时间	题号	题型	分值	试题情境	传感器类型	必备知识	核心素养
2022 年	13	选择题	3 分	探究酸和碱发生中和反应	温度传感器	第十单元常见的酸和碱、酸的化学性质、酸与碳酸盐的反应	基于实验事实进行证据推理，提升解决化学问题中的比较、分析、归纳的科学思维；科学探究与实践
2021 年	19	实验探究题	13 分	探究铁生锈，温度、压强的变化	压强传感器、温度传感器	第八单元金属与金属材料、金属资源的保护	基于实验事实进行证据推理，提升解决化学问题中的比较、分析、归纳的科学思维；科学探究与实践
2020 年	19	实验探究题	13 分	测定贝壳样品中碳酸钙的含量	压强传感器、温度传感器	第十单元常见的酸和碱、酸的化学性质、酸与碳酸盐的反应	基于实验事实进行证据推理，提升解决化学问题中的比较、分析、归纳的科学思维；科学探究与实践
2019 年	19	实验探究题	13 分	碳酸钠、碳酸氢钠与盐酸反应	压强传感器	第十单元常见的酸和碱、酸与碳酸盐的反应、第十一单元生活中常见的盐	基于实验事实进行证据推理，提升解决化学问题中的比较、分析、归纳的科学思维；科学探究与实践
2018 年	19	实验探究题	13 分	鸡蛋壳有关实验探究问题	电导率传感器	第十一单元盐和化肥、生活中常见的盐	基于实验事实进行证据推理，提升解决化学问题中的比较、分析、归纳的科学思维；科学探究与实践

表 7-2 其他省市部分数字化实验融合的中考试题分析

时间	题号	题型	分值	试题情境	传感器类型	必备知识	核心素养
2019 年绵阳	26	实验探究题	7 分	探究酸和碱发生中和反应	pH 传感器	第十单元酸和碱、酸和碱中和反应、pH 值	认识物质变化的定量视角；基于实验事实进行证据推理
2021 年南京	13	选择题	2 分	探究碱与非金属氧化物反应	压强传感器	第十单元酸和碱、酸和碱的化学性质	认识物质变化的定量视角；基于实验事实进行证据推理
2020 年南京	21	实验探究题	8 分	探究溶液中离子浓度对电导率的影响	离子传感器、电导率传感器	第九单元溶液、溶液的形成	认识物质变化的定量视角；基于实验事实进行证据推理
2019 年南京	18	计算题	8 分	探究物质燃烧消耗氧气的多少	压强传感器	第八单元金属与金属材料、金属的化学性质	形成压强变化随生成气体变化的观念；基于实验事实进行证据推理
2018 年南京	13	选择题	2 分	探究酸碱中和反应溶液 pH 值的变化	pH 传感器	第十单元酸和碱、溶液酸碱性的检验	认识物质变化的定量视角；基于实验事实进行证据推理
2021 年北京	25	选择题	1 分	探究空气中氧气体积分数	气体传感器	第二单元我们周围的空气、空气成分测定第八单元金属和金属材料、金属锈蚀	基于实验事实进行证据推理，提升解决化学问题中的比较、分析、归纳的科学思维
2019 年北京	22	实验探究题	3 分	随装置变动的碱与非金属氧化物反应，酸与碳酸盐反应	压强传感器	第十单元常见的酸和碱、碱的化学性质、碱与酸性氧化物的反应	基于实验事实进行证据推理，提升解决化学问题中的比较、分析、归纳的科学思维
2020 年深圳	12	选择题	3 分	铁钉生锈	温度传感器	第八单元金属和金属材料金属锈蚀	形成物质变化伴随能量变化的观念；基于实验事实进行证据推理

数字化实验融合的中考试题总体分析。

1. 2018—2022 年部分地区考查频次分析

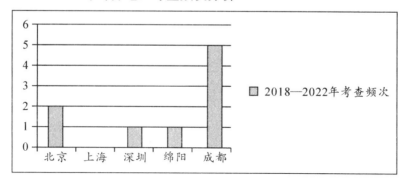

图 7-1   2018—2022 年数字化实验相关试题考查频次

中考化学最早出现数字化实验是 2005 年的南京中考题，从图 7-1 中可以看出，2018—2022 年数字化实验有关的试题在多地都有出现，其中以成都市出现的频率最高（每年都有出现），其次是北京市。虽然一些地区没有直接出现传感器考查的试题，但以传感器获得的数据为分析对象的试题每年都有涉及。

2. 教材各单元必备知识考查频次统计

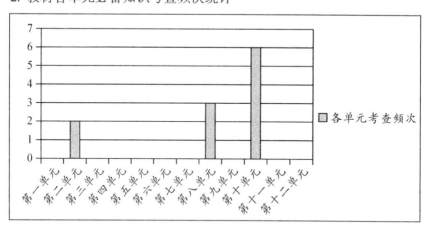

图 7-2   教材各单元考查频次统计

数字化实验融合的中考试题情境多源于教材上的实验和学生熟悉的物质。从图 7-2 中可以看出，数字化实验相关试题所考查的必备知识集中出现在教材第二单元、第八单元、第十单元。考题中所涉及的传感器类型包括温度、压强、pH、气体含量、电导率等，可直观且准确地呈现出反应中的热量、pH

值等不易观察的量的变化以及无色无味气体的产生和消失，这些传感器较好地解决了空气中气体成分的测量问题，金属与氧气、酸与碳酸盐、碱与气态酸性氧化物反应难以观测的问题。

3. 试题承载的核心素养功能分析

从中考相关题型来看，大多为实验探究题；试题信息呈现方式包括文字、装置图、坐标（曲线）图；通过传感器获得数据，提高了实验数据的准确性，增强了实验结果的可视性，有利于学生建立物质变化的定量视角；同时证据获取更加充分，有利于促进学生基于事实进行证据推理的科学思维的发展；对传感器获得的数据进行处理的过程，有利于发展学生运用比较、分析、综合、归纳等科学方法，构建模型并推测物质及其变化的思维能力。

二、数字化实验融合的高考试题分析

（一）概述

基于新课程改革和中国高考评价体系的理念，高考评价逐渐从"知识立意""能力立意"向"价值引领、素养导向、能力为重、知识为基"转变。因此，高考试题不仅注重基础知识的考查，更突出以真实的问题情境为载体，将必备核心知识转化为驱动性问题，考查学生学科关键能力的形成与发展现状，达成对学科核心素养的培育。在关键能力的考查中明确要求学生具备符号理解能力、信息整理能力、数据处理能力、演绎推理能力等，以数字化实验真实情境为测试载体的图像问题恰好体现了新高考理念。因此，分析数字化实验融合的高考试题命题特点，了解命题的趋势，有助于教师和学生了解数字化实验的特点和价值，也为高考复习提供可行的建议和策略。

笔者通过查阅近五年的高考全国卷理综试题和 2021 年开始实施新高考"3+1+2"方案的省市学业水平等级（选择性）考试的化学试题，发现数字化实验融合试题有两大类。一类是在试题中明确提出使用了某种传感器测定数据，如 2022 年辽宁省选择性考试化学第 11 题 A 选项中"酸碱中和滴定的同时，用温度传感器采集锥形瓶内溶液的温度"，2022 年海南省选择性考试化学第 17 题在用磷酸吸收氨气制备（NH_4）$_2HPO_4$ 实验装置图中标出了 pH 传感器。这类试题通常是数字化实验与传统实验相结合的问题情境，体现信息化技术融入中学化学实验的新趋势，学生只需要对不同传感器的作用有初步的认识，就能轻松应对。另一类是以传感器测定数据得到的曲线为情境或问题分析依据。例如，2022 年 1 月浙江省选择性考试化学第 23 题利用 pH 和压强传感器测定用盐酸滴定碳酸钠、碳酸氢钠过程中 pH 和压强的变化曲线为试题情境，考查了酸碱中和滴定及指示剂的选择、滴定原理的应用、盐溶液中的三大守恒这些必备知识。这一类能将知识转化为能力的试题着重考查学生证据推理与模型认知宏观辨识与微观探析的核心素养。

除了以上难易不同的两类典型的高考试题外，2022 年 1 月浙江省选择性考试化学第 21 题呈现了与数字化实验有关的全新的高考试题命题形式。见下：

pH 计是一种采用原电池原理测量溶液 pH 的仪器。如下图所示，以玻璃电极（在特制玻璃薄膜球内放置已知浓度的 HCl 溶液，并插入 Ag-AgCl 电极）和另一 Ag-AgCl 电极插入待测溶液中组成电池，pH 与电池的电动势 E 存在关系：pH＝（E-常数）/0.059。下列说法正确的是

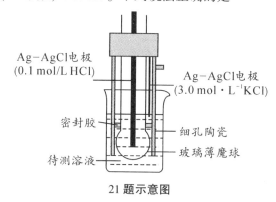

21 题示意图

A. 如果玻璃薄膜球内电极的电势低，则该电极反应式为
   $AgCl(s) + e^- \Longrightarrow Ag(s) + Cl^- (0.1 \text{ mol/L})$

B. 玻璃膜内外氢离子浓度的差异不会引起电动势的变化

C. 分别测定含已知 pH 的标准溶液和未知溶液的电池的电动势，可得出未知溶液的 pH

D. pH 计工作时，电能转化为化学能

该题以 pH 传感器为素材，并未考查与水溶液中离子平衡有关的问题，而是巧妙地创设了电化学应用的真实情境。虽然学生对稍显复杂的玻璃电极的构造以及 pH 和电池电动势的关系比较陌生，但考查的是原电池的定义、基本工作原理、电极反应式的书写和电解质溶液等基础考点。试题借助数字化实验场景，引导学生获取、处理陌生信息和解决实际问题，引起考生的深度学习，从而考查其化学学科核心素养和关键能力。

（二）试题分析

虽然近年来明确提到数字化实验的高考题不多，但是以数字化实验所得曲线为试题情境、体现"四重表征"认识模型的图表类试题仍是高考命题的热点。以下选取数字化实验融合的三个典型高考试题，从试题情境、题型、分值、涉及的传感器类型、考查的必备知识和承载的核心素养这几方面进行分析，见表7-3。

表7-3 数字化实验融合的高考典型试题分析

高考试卷(年份/卷别)	试题和情境	题型	传感器类型	分值	必备知识	核心素养
2019年全国Ⅰ卷	试题 11. NaOH 溶液滴定邻苯二甲酸氢钾（邻苯二甲酸 H_2A 的 $K_{a1} = 1.1 \times 10^{-3}$，$K_{a2} = 3.9 \times 10^{-6}$）溶液，混合溶液的相对导电能力变化曲线如图所示，其中 b 点为反应终点。下列叙述错误的是（ ） A. 混合溶液的导电能力与离子浓度和种类有关 B. Na^+ 与 A^{2-} 的导电能力之和大于 HA^- 的 C. b 点的混合溶液 pH=7 D. c 点的混合溶液中，$c(Na^+) > c(K^+) > c(OH^-)$ 情境：强碱滴定二元弱酸过程中溶液导电能力变化	选择题	电导率传感器	6分	酸碱中和滴定；水溶液的导电性；电离常数；水溶液中的离子浓度关系	证据推理与模型认知；宏观辨识与微观探析；变化观念与平衡思想

高考试卷(年份/卷别)	试题和情境	题型	传感器类型	分值	必备知识	核心素养
2020 年全国 I 卷	试题 28：硫酸是一种重要的基本化工产品。接触法制硫酸生产中的关键工序是 SO_2 的催化氧化：SO_2（g）$+ \frac{1}{2}O_2$（g）$\xrightarrow{\text{钒催化剂}} SO_3$（g）$\Delta H = -98$ kJ/mol。回答下列问题：（1）当 SO_2（g）、O_2（g）起始的物质的量分数分别为 7.5%、10.5% 和 82% 时，在 0.5 MPa、2.5 MPa 和 5.0 MPa 压强下，SO_2 平衡转化率 α 随温度的变化如下图所示。反应在 5.0 MPa、550 ℃ 时的 $\alpha = $ _____，判断的依据是 _____，影响 α 的因素有 _____。 （2）将组成（物质的量分数）为 2 m% SO_2（g）、m%O_2（g）和 q% N_2（g）的气体通入反应器，在温度 t、压强 p 条件下进行反应，平衡时，若 SO_2 转化率为 α，则 SO_3 压强为 _____，平衡数 $K_p = $ _____（以分压表示，分压＝总压×物质的量分数）。情境：不同温度、压强下平衡体系的物质转化率	原理综合题	温度传感器；压强传感器；气体传感器	10 分	化学平衡移动；化学平衡常数	证据推理与模型认知；变化观念与平衡思想

续表

高考试卷(年份/卷别)	试题和情境	题型	传感器类型	分值	必备知识	核心素养
2021年北京学业水平等级性考试	制备晶种 试题 18. 为制备高品质铁黄产品，需先制备少量铁黄晶种。过程及现象是：向一定浓度 $FeSO_4$ 溶液中加入氨水，产生白色沉淀，并很快变成灰绿色。滴加氨水至 pH 为 6.0 时开始通空气并记录 pH 变化（如下图）。 （1）产生白色沉淀的离子方程式是_____。 （2）产生白色沉淀后的 pH 低于资料 iii 中的 6.3。原因是：沉淀生成后 c (Fe^{2+}) _____ $0.1\ mol \cdot L^{-1}$（填 ">" "=" 或 "<"）。 （3）$0-t_1$ 时段，pH 几乎不变；t_1-t_2 时段，pH 明显降低。结合方程式解释原因：_____ （4）pH$\approx$4 时制得铁黄晶种。若继续通入空气，t_3 后 pH 几乎不变，此时溶液中 $c(Fe^{2+})$ 仍降低，但 $c(Fe^{3+})$ 增加，且 $c(Fe^{2+})$ 降低量大于 $c(Fe^{3+})$ 增加量。结合总方程式说明原因：_____ _____。 情境：铁及其化合物之间的相互转化	无机物之间的相互转化流程题	pH 传感器	12 分	铁及其化合物之间的相互转化；酸碱中和滴定原理及应用；离子方程式	证据推理与模型认知；科学探究与创新意识；宏观辨识与微观探析

据笔者对近几年高考化学试题的整理，试题统计与分析如下（表7-4至表7-6）：

表7-4　2018—2022年数字化实验与全国卷高考化学融合的试题分布与分值

试卷（年份/卷别）	题号	分值
2018年全国Ⅰ卷	28	7分
2018年全国Ⅱ卷	27	4分
2018年全国Ⅲ卷	12	6分
2019年全国Ⅰ卷	11、28	12分
2019年全国Ⅱ卷	12、27	8分
2019年全国Ⅲ卷	28	5分
2020年全国Ⅰ卷	13、28	18分
2020年全国Ⅱ卷	28	2分
2020年全国Ⅲ卷	26	8分
2021年全国甲卷	12、28	15分
2021年全国乙卷	13、28	14分
2022年全国甲卷	28	2分
2022年全国乙卷	28	7分

表7-5　2019—2022年数字化实验与学业水平等级
（选择性）考试融合的试题分布与分值（一）

试卷（年份/卷别）	题号	分值
2018年11月浙江省	23	2分
2019年4月浙江省	30	2分
2020年天津市	16	5分
2020年江苏省	15、16、20	15分
2020年山东省	15、18	8分
2020年1月浙江省	23、29	8分
2021年北京市	18	12分
2021年天津市	16	4分

续表

试卷（年份/卷别）	题号	分值
2021 年山东省	15、20	12 分
2021 年河北省	13	4 分
2021 年湖南省	9、16	10 分
2021 年辽宁省	12、15	6 分
2021 年福建省	10、13	6 分
2021 年 1 月浙江省	23	2 分

表 7-6　2019—2022 年数字化实验与学业水平等级

（选择性）考试融合的试题分布与分值（二）

试卷（年份/卷别）	题号	分值
2021 年 6 月浙江省	23、29	6 分
2021 年广东省	14、17	13 分
2021 年海南省	13	4 分
2022 年辽宁省	11、13、16	8 分
2022 年广东省	13、15、17、18	21 分
2022 年湖北省	15、19	13 分
2022 年湖南省	10、14、17	9 分
2022 年河北省	6	4 分
2022 年江苏省	13、17	5 分
2022 年海南省	14、17	9 分
2022 年山东省	14	4 分
2022 年 1 月浙江省	21、23	4 分
2022 年 6 月浙江省	23、29	4 分

从表 7-4、7-5、7-6 的统计数据来看，近年的全国卷高考和实施新高考"3+1+2"方案的省市学业水平等级（选择性）考试融合数字化实验的试题分值为 2~21 分不等，从 2019 年开始分值整体占比有所提高，说明数字化实验与高考融合成为新高考试题的命题热点和趋势。

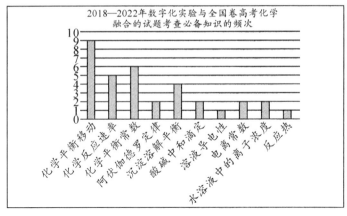

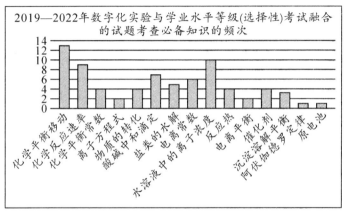

图 7-3 数字化实验融合的高考试题考查的必备知识统计情况

从图 7-3 的统计数据来看,数字化实验与高考融合的试题考查的必备知识主要是化学平衡移动、化学平衡常数、化学反应速率、水溶液中的离子浓度、中和滴定、盐类的水解、沉淀溶解平衡。这些必备知识都是教材选择性必修 1《化学反应原理》的内容。因此,教师在这部分新授课时,可考虑结合数字化实验进行探究;在复习时,可利用数字化实验模拟高考题的实验情境,获取真实的数据和曲线,减少学生对这类高考题的陌生感。在真实的问题情境中熟悉并建立曲线类问题分析模型,通过数字化实验相结合的习题巩固练习,掌握这类高考试题的分析方法、解题技巧。

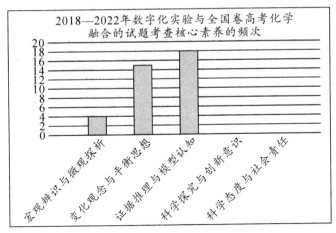

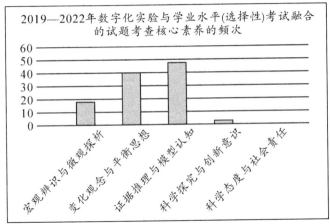

图 7-4 数字化实验融合的高考试题考查的核心素养统计情况

由图 7-4 统计情况可知，数字化实验与高考融合的试题从学科知识角度考查来看，显性考查学生"变化观念与平衡思想"核心素养；从学生思维层次来看，主要体现为隐性考查学生"证据推理与模型认知"核心素养；整体侧重考查学生整合信息、分析问题、解决问题、批判性思维等高阶思维能力。高阶思维能力是学生适应未来社会发展的必备能力，也是我们所处的知识时代对未来人才素质提出的最新要求。

<table>
<tr><td>第二节</td><td>数字化实验在中学化学初、
高三复习教学的应用案例</td></tr>
</table>

应用数字化实验的高三复习专题教学设计

滴定图像专题

成都石室天府中学　盛林娟

一、教学内容分析

（一）教学基本信息

学段	教材	教材章节	课时
高三	人教版高中化学选择性必修 1	第三章	1 课时

（二）教材分析

1. 课标分析

（1）内容要求

教育部发布的《普通高中化学课程标准（2017 年版 2022 年修订）》中要求学生从电离、离子反应、化学平衡的角度认识电解质水溶液的组成、性质和反应；认识弱电解质在水溶液中存在电离平衡，了解电离平衡常数的含义；认识水的电离，了解水的离子积常数，认识溶液的酸碱性及 pH，掌握检测溶液 pH 的方法；认识盐类水解的原理和影响盐类水解的主要因素；指出"化学教材应精心设计学生必做实验，适当增加微型实验、家庭小实验、数字化实验、定量实验和创新实践活动等"。

（2）学业质量水平要求

通过对电离平衡、水解平衡、沉淀溶解平衡等存在的证明及平衡移动的分析，形成并发展学生的微粒观、平衡观和守恒观；能用化学用语正确表示水溶液中的离子反应与平衡，能通过实验证明水溶液中存在的离子平衡，能举例说明离子反应与平衡在生产、生活中的应用。能从电离、离子反应、化学平衡的角度分析溶液的性质，如酸碱性、导电性等。通过让学生画微观图

示、解释宏观现象等具体任务探察学生对水溶液体系认识的障碍点。能进行
溶液 pH 的简单计算，能正确测定溶液 pH，能调控溶液的酸碱性。能选择实
例说明溶液 pH 的调控在工农业生产和科学研究中的重要作用。能综合运用离
子反应、化学平衡原理，分析和解决生产、生活中有关电解质溶液的实际问
题。开展实验探究活动时，注意实验前的分析预测和对实验现象的分析解释，
对假设预测、实验方案、实验结论进行完整论证，发展学生"宏观辨识与微
观探析""变化观念与平衡思想"和"证据推理与模型认知"等化学学科核
心素养，培养系统思维能力。

（三）落实学科核心素养分析

本课题紧紧围绕化学学科核心素养展开。通过分小组探究碳酸钠和碳酸
氢钠与盐酸反应中溶液 pH 和体系压强的变化，在试题情境允许范围内将试题
与数字化实验相结合，让学生观察实验现象的同时，从宏观、微观、符号、
曲线多视角分析解决问题。教师在这一过程中可以夯实学生知识基础，在理
论探讨中落实宏微观结合等素养，通过预测曲线等形式培养学生的知识迁移
能力；让学生学习研究不同类型化学实验及探究活动的核心思路与基本方法；
发展对化学实验探究活动的好奇心和兴趣；养成注重实证、严谨求实的科学
态度，增强合作探究意识；形成独立思考、敢于质疑和勇于创新的精神。

二、学情分析

（一）已有基础

在高一和高二的化学学习中，学生已理解电离平衡、水解平衡知识的应
用及根据图像获取所需信息的能力；以电解质、离子反应等相关概念为基础，
已掌握水溶液中的电离平衡、水解平衡、沉淀溶解平衡等理论知识。

（二）障碍点

这部分知识多为"宏观—微观—符号"之间的表达，学生不能联系微观
变化的实质去解释相关问题，特别是结合微观粒子在反应过程中的变化图像，
学生容易因宏观图像与微观粒子反应之间结合能力不足而出错。

（三）发展点

借助手持技术完善表征形式，进一步加深学生对化学反应原理及化学本
质的理解，突出微粒观、守恒观等化学学科观点；能够将抽象的化学原理数

据化，提高数形结合的分析思维能力。

三、目标分析及重难点

（一）教学目标

1. 通过思考交流和归纳整理，掌握电离平衡、水解平衡知识及应用。

2. 通过合作研究，知道碳酸钠、碳酸氢钠与盐酸反应的微观本质；结合数字化实验设计实验方案，学会观察数字化实验图像；结合化学反应现象，探索化学反应规律。

3. 迁移练习，培养学生的实验能力、创新能力以及探究能力。

（二）评价目标

1. 通过对教材基础知识的梳理，诊断并发展学生对知识认识思路的结构化水平。

2. 通过对实验方案的设计与图像分析，能根据问题设计实验方案，发展学生实验探究水平。

3. 通过对高考试题的讨论与交流，能评价和优化方案，对已有结论提出质疑，诊断并发展学生解决实际问题的能力水平。

（三）教学重难点

1. 重点：数字化实验方案设计、数字化实验图像分析。

2. 难点：数字化实验图像分析。

四、教学设计思路

（一）大概念：化学平衡在溶液体系中的应用

（二）数字化实验设计说明

以手持技术实验为手段，在化学教学中渗透数形结合思想。学生在此过程中将化学问题转变为数学问题，借助数学工具推算解决化学问题，推动学生证据推理核心素养的培养。

（三）设计框架

真实情境	核心知识	核心问题	核心活动
盐酸滴定碳酸钠、碳酸氢钠溶液	电离平衡、水解平衡知识	碳酸钠、碳酸氢钠与盐酸反应的微观本质	数字化实验方案设计
强碱滴定盐溶液	酸碱中和滴定水溶液的导电性，水溶液中的离子浓度关系	强碱滴定二元弱碱的微观本质	数字化实验图像分析

五、教学过程

【情境引入】（1 min）：视频演示数字化实验中滴定曲线的生成。

【活动元一】 梳理基础知识（9 min）

活动目标	活动形式	活动过程与结果	教师活动
梳理教材中溶液的离子平衡知识，为后续建构分析图像题做铺垫	独立完成书写过程 独立思考 交流评价	【自主梳理】 梳理酸碱中和滴定的实验仪器、实验药品、实验步骤及数据处理。 实验仪器：_____； 实验药品：_____； 实验步骤：_____； 数据处理：_____。 【思考】完成以下习题。 例1：向 CH_3COOH 溶液中逐滴加入 NaOH 溶液，溶液 pH 与加入 NaOH 溶液的关系如下图所示： （注：a 点为反应一半点，b 点呈中性，c 点恰好完全反应，d 点 NaOH 过量一倍） 分析：_____。 反应原理：_____。 a 点，溶质为：_____，离子浓度关系：_____； b 点，溶质为：_____，离子浓度关系：_____； c 点，溶质为：_____，离子浓度关系：_____； d 点，溶质为：_____，离子浓度关系：_____。 【小结】总结溶液中离子浓度关系与图像问题的分析方法	引导学生自主梳理实验基本问题；启发、纠错、评价

【过渡】宏观的图像需要结合微观的离子反应进行分析，那其他的滴定反应图像是否适用？

【活动元二】 实验研究滴定图像（19 min）

活动目标	活动形式	活动过程与结果	教师活动
分析酸碱中和反应的微观本质	分析情境 分组实验	【真实情境】（2022 年·浙江）23 题。 【验证实验】小组合作，探究溶液 pH 和压力变化的原因。 【实验步骤】 （1）连接数据采集器、pH 传感器、pH 电极、压力传感器、滴数传感器，并与计算机相连。 （2）向烧杯中加入 20 mL 0.4 mol/L Na₂CO₃ 溶液和 40 mL 0.2mol/L NaHCO₃ 溶液，将磁力搅拌子放入烧杯中。烧杯置于搅拌器上，将 pH 电极置于烧杯里的碳酸钠溶液中；向针筒滴管中加入 40 mL 0.4 mol/L 盐酸。 （3）打开计算机上的数字化实验软件，进行滴数、表格和绘图设置。平铺窗口，可在显示屏上同时看到滴数、pH、体积和 V–pH、V–P 曲线图；开启搅拌器的开关，注意不要让磁力搅拌子触碰电极；观察 pH、P 窗口显示的数值，即盐溶液的 pH。 （4）打开滴管的旋塞，逐滴加入盐酸，滴速不要过快，观察；当 pH 和压强变化较小时，关闭旋塞，点击"停止"，处理并保存图像。 【分组实验 1】根据所提供的实验药品，分别将 0.4 mol/L 盐酸滴入 20 mL 0.4mol/L Na₂CO₃ 溶液和 40 mL 0.2 mol/L NaHCO₃ 溶液，放入 pH 计，观察和记录现象。 【分组实验 2】根据所提供的实验药品，分别将 0.4 mol/L 盐酸滴入 20 mL 0.4 mol/L Na₂CO₃ 溶液和 40 mL 0.2 mol/L NaHCO₃ 溶液，放入压力传感器，观察和记录现象。 【思考】 （1）根据实验所得图像，对比分析碳酸钠、碳酸氢钠与盐酸反应的本质； （2）从图像角度分析用盐酸滴定碳酸钠、碳酸氢钠，pH 计和压力传感器检测的图像有何异同； 【讨论】 【小结】滴定图像分析方法。 横纵坐标—关键点—曲线变化趋势	提出问题：为什么分别用盐酸滴定碳酸钠、碳酸氢钠，pH 计和压力传感器检测的图像不一样？ 引导学生设计实验方案并分组实验； 启发学生分析溶液中的微粒和浓度变化。 评价：能通过真实的问题情境，结合酸碱中和滴定的知识，设计探究实验方案并完成实验；通过数字化实验得出的图像和实验现象，分析酸碱中和反应的微观本质，能用化学符号进行表达

【过渡】已知反应原理的滴定图像分析方法，能否应用到陌生情境问题的滴定中？

【活动元三】　拓展应用图像模型（12 min）

活动目标	活动形式	活动过程与结果	教师活动
学习方法的提炼；能从已知信息和模型中学会迁移	分析情境 独立思考 交流评价 小组讨论 归纳总结	【真实情境】（2019 年·全国 I 卷）11 题 【思考讨论】 (1) 影响溶液导电能力的因素？ (2) 如何设计实验方案验证溶液导电能力的变化？ 【方法提炼】 (1) 滴定曲线分析方法。 反应物的量—溶液中的溶质——离子浓度关系。 (2) 图像分析方法。 图像中的关键点：交点、转折点。 图像中的曲线变化趋势：增大、减少。 图像中的面	启发思考，引导方法提炼

六、板书设计

滴定图像问题

一、温故知新：酸碱中和滴定实验

二、滴定图像分析

1. {横纵坐标
关键点：交点、转折点
曲线变化趋势：增减

2. {反应物的量
溶液中的溶质
离子浓度关系

七、教学反思

（一）教学中的真实问题

1. 教学实施过程

传统教学采用的是讲试题、讲实验、教师演示实验的方式，存在学生不理解数字化实验的原理，甚至不知道滴定曲线的图像是如何生成，哪个点表示滴定终点，溶液中离子浓度如何变化等问题，只能死记硬背知识点进行答题。本节课的设计理念是"提高理解水解电离平衡知识的应用以及根据图像获取所需信息的能力，实现科学探究方法变革，促进科学实验发展进而解决现实需求问题"。数字化实验能够将宏观现象予以图像变化趋势直观地展示给学生观察，引导学生分析曲线；能够将抽象的化学原理数据化，激发学生的学习兴趣。

2. 学生真实问题

学生在实践教学前后对滴定原理知识的理解发生较大的转变，尤其通过数字化实验产生的直观且准确的数据，更好地理解实验原理，还可以提前预测不同酸碱滴定的曲线变化趋势，增强了对知识的应用能力。

大部分学生在结合数字化实验对图像深入分析与思考时，能够准确判断图像的特点，在实验操作过程中也比较主动。少部分学生在实验原理分析上存在困难，结合图像分析关键点中还需要教师引导；在解释实验、分析溶液中离子浓度关系上表现得较为平淡；较少的学生无法对实验图像进行分析，需要借助教师和同学的帮助才能完成实验操作。

（二）改进提升思考

本节课以高考真题为引导，在真实的问题情境中提出新的问题。首先，传统教学讲解习题教学时长为10~15分钟，按照本课内容进行教学相对耗时，单纯数字化实验就需要15分钟。其次，教学过程中，个别同学参与小组学习活动不积极，需要设置更有效的小组学习规则和评价方式，保证学生积极参与达成学习目标。

应用数字化实验的初三复习专题教学设计
二氧化碳的实验室制取与性质专题

成都高新顺江学校　苏彬

一、教学内容分析

（一）教学基本信息

学段	教材	教材章节	课时
九年级	人教版化学九年级上册	第六单元实验活动 2 二氧化碳的实验室制取与性质	1 课时

（二）教材分析

1. 课标分析

（1）知道二氧化碳制取的装置选择以及收集方法；

（2）加深对二氧化碳性质的认识。

2. 教材编写分析

（1）教材地位与作用

二氧化碳的实验室制取与性质是人教版化学九年级上册第六单元实验活动 2 的内容，是在介绍了碳单质及二氧化碳的化学性质，以及氧气的化学性质和实验室制法之后再进行的实验，可以加深、巩固对二氧化碳性质及用途的认识，使本单元内容更具有完整性。本节课内容许多知识学生比较熟悉，也比较感兴趣，是培养学生在实验室中制取某种气体时，实验药品的选择、装置的设计、实验的方法等的最佳素材。本节课对学生今后学习实验室制取气体及提高实验探究能力都有重要影响。

（2）教材素材处理说明

在二氧化碳的制取装置上，为了帮助学生回顾发生装置的选择原理，我们准备了 4 种发生装置（如图 7-5）。

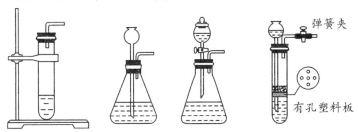

弹簧夹

有孔塑料板

图 7-5　实验室制取气体的发生装置图

同时为了帮助学生回顾收集装置的选择原理，我们准备了 2 种收集装置，如图 7-6。

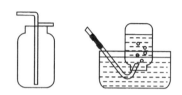

图 7-6 实验室制取气体的收集装置图

（三）落实学科核心素养分析

本课题的教学主要采用知识方法回顾、对比实验探究两种手段，通过对制取二氧化碳的知识方法回顾，明晰气体制备的研究思路。通过对反应原理及实验装置的探究活动，帮助学生回顾实验室制取二氧化碳的反应原理和制取装置，使学生对实验室制取气体装置的认识达到由简单模仿到灵活选择再到自主设计的飞跃。

二、学情分析

（一）已有基础

学生对二氧化碳的性质及几种获取途径已有一定的生活体验和知识积累；学生已学氧气的实验室制法，对于气体的制法与收集较为熟悉，知道气体的收集方法与气体的物理性质有关。

（二）障碍点

学生的实验室制备气体的一般思路较模糊，抽象思维的能力较薄弱。

（三）发展点

学生对于手持技术实验还处于零基础阶段，对于如何使用手持技术仪器及如何分析实验数据从而得出实验结论的能力还有待提高。

三、目标分析及重难点

（一）教学目标

1. 通过回顾实验室制取二氧化碳的反应原理，探究实验室制取二氧化碳的装置选择。

2. 初步建立实验室制取气体的方法和设计思路模型，并能举一反三地进行运用。

3. 认识并了解手持技术在初中化学实验中的应用。

（二）评价目标

1. 本节课涉及几个重要方程式的书写，诊断学生化学用语表达及从微观角度认识化学反应的认知水平。

2. 通过回忆二氧化碳的制备和收集原理，迁移到其他气体的制备和收集原理，诊断学生发现问题、解决问题的高阶学科能力和思维。

3. 通过小组合作探究、交流互动，诊断并发展学生的基本实验操作技能和科学探究水平。

（三）教学重难点

教学重点：回顾实验室制取二氧化碳的药品、反应原理和实验装置的选择，并利用设计装置制取其他气体。

教学难点：二氧化碳性质的认识。

四、教学设计思路

1. 大概念：物质的制备与性质

2. 数字化实验设计说明

为了说明二氧化碳与氢氧化钠发生了反应，我们通常采用的实验方法是在两个装满二氧化碳的集气瓶中分别倒入等量的水和氢氧化钠溶液，盖紧瓶塞后振荡，对比观察瓶子变瘪的程度。或检验二氧化碳与氢氧化钠溶液反应生成了碳酸钠，向反应后的溶液中滴加盐酸观察到有气泡生成；滴加氯化钙溶液生成白色沉淀；滴加氢氧化钙溶液生成白色沉淀等方法证实反应的发生。这些实验方法都是从宏观角度来认识物质之间的反应。如果我们用 pH 传感器直接测反应前后溶液的 pH 变化或者用二氧化碳浓度传感器测反应前后二氧化碳浓度的变化，并将这种变化通过数字化信息技术转化为可视化、形象化、具体化的图像图表，学生能够非常直观地感受到变化的发生，并从微观上更加深刻地理解反应的实质。

五、教学过程

【情境引入】引导学生回忆实验室制取二氧化碳的原理和方法

【活动元一】 制取并收集二氧化碳（13 min）

活动形式	活动过程与结果	教师活动
小组讨论 书写过程 小组讨论 书写过程 合作完成 交流评价 得出结论	【回顾】实验室制取二氧化碳的原理： 	实验药品	化学方程式	发生装置	收集装置
---	---	---	---
大理石、稀盐酸			| 反应发生的装置选择的依据是什么？填写相关内容。 发生装置的选择依据：_____ 收集装置的选择依据：_____ 【观察】实验室通常用消石灰与氯化铵固体混合物在加热的条件下，反应制取氨气： $Ca(OH)_2+2NH_4Cl \xrightarrow{\triangle} CaCl_2+H_2O+2NH_3\uparrow$ 氨气是一种极易溶于水，且密度比空气小的气体。 | 实验药品	发生装置	收集装置
			  反应发生的装置选择的依据是什么？填写相关内容。 发生装置的选择依据：_____ 收集装置的选择依据：_____ 排水法收集的气体中 CO_2 的体积分数是88.1% 向上排空气法收集的气体中 CO_2 的体积分数是72.4% 二氧化碳的体积分数/% 100 90 80 70 60 50 40 30 20 10 0 10 20 30 40 50 t/s 二氧化碳的体积分数随时间变化图 【结论】比较两种收集方法。 二氧化碳（能/否）用排水法收集，且_____收集的气体更加纯净	提出问题：实验室如何制备二氧化碳？制取装置选择的依据是什么？ 能否根据所学知识判断其他气体的发生和收集装置该如何选择？ 追问：收集二氧化碳只能用向上排空气法吗？如果用排水法收集又会怎样？引起学生思考，评价学生猜测

【活动元二】 初探二氧化碳的性质（13 min）

活动形式	活动过程与结果	教师活动
合作完成 小组实验 现象分析得出结论 小组实验 现象分析 小组讨论 得出结论	【观察】观察集气瓶中收集的二氧化碳，总结二氧化碳的物理性质，填写相关内容。 二氧化碳的物理性质：＿＿＿＿＿＿＿＿ 【分组实验1】把一支短蜡烛固定在烧杯内，点燃。拿起收集满二氧化碳的集气瓶，向烧杯内缓慢倾倒二氧化碳，观察现象。 | 现象	性质
---	---
	| 【分组实验2】向两支试管中分别加入 2 ml 蒸馏水，然后各滴入 1~2 滴石蕊溶液，观察试管中溶液的颜色。将其中一支试管静置。向另一支试管中通入二氧化碳，观察现象，并与静置的试管中溶液的颜色进行对比。将通入二氧化碳的试管放在酒精灯火焰上加热，观察现象。 | 现象	方程式
---	---
	| 【讨论】为什么二氧化碳通入试管后溶液会变色，将试管加热后颜色又消褪？ 【阅读】教材 118 页相关内容。 【小结】二氧化碳的化学性质：＿＿＿＿＿	根据所收集到的二氧化碳气体，提出问题：二氧化碳的物理性质是什么？布置任务，指导学生分组进行实验 1 和实验 2，得出二氧化碳的化学性质是什么？巡视教室，发现学生的问题并及时解答

【活动元三】 再探二氧化碳的性质（14 min）

活动形式	活动过程与结果	教师活动
设计方案 交流评价小组讨论	利用压强传感器对二氧化碳性质再探究。 步骤1：如图1所示装置的气密性良好，三瓶 250 mL 的烧瓶内收集满二氧化碳气体，三个注射器内各装有等体积的液体（分别是水、饱和石灰水、氢氧化钠浓溶液）。连接好装置和压强传感器。 步骤2：三位同学同时迅速将注射器内等体积的液体（水、饱和石灰水、氢氧化钠浓溶液）注入各自烧瓶中，关闭活塞	结合中考真题，利用压强传感器对二氧化碳性质再探究。教师操作演示，并不断提问，让学生思考引起此种变化的原因是什么？让学生在真实情景中认识数字化

续表

活动形式	活动过程与结果	教师活动
	步骤3：一段时间后，同时振荡烧瓶。观察压强传感器实时传回烧瓶内气压变化形成的图像情况如图2所示。 （1）导致曲线1中CD段气压急速减小的操作是_____ _____。利用现有的装置，在不使用其他试剂的情况下，请你写出继续降低E点的操作方法：_____。 （2）曲线2与曲线3差异较大的原因是_____。 图 1 图 2	引导学生观察实验现象，思考各段曲线产生的原因，对学生的回答进行评价

六、板书设计

实验室制取二氧化碳的研究

一、实验药品：大理石（或石灰石）和稀盐酸

反应原理：$CaCO_3 + 2HCl == CaCl_2 + H_2O + CO_2\uparrow$

二、实验装置

（1）发生装置：与 O_2 相同

（2）收集方法：向上排空气法、排水法

三、二氧化碳的性质

（1）物理性质：

（2）化学性质：

七、教学反思

科学探究性学习首先要让学生放开手脚，独立自浊主地从事学习活动，成为真正意义上的学习主人。教师只需设计并为学生提供探索和发现的真实情景。教师应鼓励学生多角度全面地认识同一事物，在合作中探究、学习。

学生对于新方法、新工具非常好奇，但对于在以后的化学实验中如何使用这些工具还非常迷茫。同时对于这些工具如何能够在实际的生产生活中去创造价值，缺少实际的案例分析。

附录

《基于学科核心素养的中学化学数字化
实验教学实践》调查问卷（学生版）

1. 你所在的年级是？

　　A. 九年级　　　　　B. 高一　　　　　C. 高二　　　　　D. 高三

2. 在日常化学课堂中，实验以哪种形式呈现？（多选）

　　A. 观看实验视频

　　B. 教师演示实验

　　C. 学生分组实验

3. 你认为好的课堂实验应该具备哪些优点？（多选）

　　A. 现象明显　　　　　　　　　B. 耗时较短

　　C. 数据直观　　　　　　　　　D. 新颖有趣

　　E. 科学严谨　　　　　　　　　F. 与时俱进

4. 在日常课堂中，教师采用哪种化学实验方式进行实验？

　　A. 传统化学实验（例如：用温度计测定中和反应是一个放热反应）

　　B. 数字化实验（例如：用温度传感器测定中和反应是一个放热反应）

　　C. 都有

5. 你认为当前的化学课堂实验能够满足你的学习需求吗？

　　A. 完全满足　　　　　　　　　B. 基本满足

　　C. 不太满足　　　　　　　　　D. 完全不满足

6. 你了解什么是化学数字化实验吗？

　　A. 非常了解　　　　　　　　　B. 了解一点

　　C. 听说过但不了解　　　　　　D. 完全不了解

7. 你对数字化实验了解来源于？（多选）

　　A. 日常的习题或考试

　　B. 老师上课展示

　　C. 课外实践活动

8. 你希望在日常课堂中多接触和学习数字化实验吗？

　　A. 希望老师多演示相关实验

　　B. 希望有机会亲手参与实验

　　C. 无所谓

　　D. 不希望

9. 你认为多接触和学习数字化实验对你有哪些帮助？（可多选）

　　A. 提高学习成绩　　　　　　B. 开阔拓展视野

　　C. 提升自身素养　　　　　　D. 培养科学精神

10. 你对课堂化学实验有什么想法或建议？

《基于学科核心素养的中学化学数字化实验教学实践》调查问卷（教师版）

1. 你执教的年级是？

    A. 九年级   B. 高一   C. 高二   D. 高三

2. 你的教龄？

    A. 5 年以下   B. 5~10 年

    C. 10~15 年   D. 15~20 年

    E. 20 年以上

3. 你认为好的课堂实验应该具备哪些优点？（多选）

    A. 现象明显   B. 耗时较短

    C. 数据直观   D. 新颖有趣

    E. 科学严谨   F. 与时俱进

4. 你认为传统的化学实验能否满足当前学生学习的发展需求？

    A. 完全满足   B. 基本满足

    C. 不太满足   D. 完全不满足

5. 你是否了解数字化实验教学？

    A. 不了解   B. 了解一些   C. 非常了解

6. 你对数字化实验的了解来源于？（多选）

    A. 日常习题或考试中

    B. 其他老师的展示课

    C. 自己的学习研究

7. 引入数字化实验最重要的作用是？

    A. 让学生了解数字化实验，减少实验习题的陌生度

    B. 数据清晰明了，变化趋势更明显，实验更加直观

    C. 实验更具科技感，让课堂显得高大上，与时俱进

    D. 数字化实验能更好地培养学生化学学科核心素养

8. 你是否愿意在课堂上使用数字化实验进行教学？

    A. 愿意   B. 中立   C. 不愿意

9. 你认为将数字化实验引入课堂面临着哪些困难？（多选）

    A. 没有实验设备   B. 缺乏技术指导

    C. 没有时间精力   D. 没有实践机会

    E. 缺少参考课例   F. 缺少系统研究

10. 你对于学科核心素养背景下的化学课堂教学实验有哪些建议或者想法？

后 记

——评《基于学科核心素养的中学化学数字化实验教学实践》

党的二十大报告提出了"推进教育数字化，建设全民终身学习的学习型社会、学习型大国"的要求，揭示了未来教育的发展方向。作为一门自然科学，化学的发展高度依赖于实验，在实验中总结规律，验证结论。对中学生来说，提高化学学科实验学习能力有助于培养化学学科核心素养，形成良好的科学素质、高阶思维和实践能力。在信息技术迅速发展的当下，数字化技术对中学化学实验教学的发展与改革产生了深刻影响。如何科学合理地利用数字化技术推动中学化学实验教学的创新实践，是摆在大部分中学化学教师面前的一个现实问题。

《基于学科核心素养的中学化学数字化实验教学实践》一书立足于当前中学化学实验教学的现状，对学科核心素养导向下的中学化学数字化实验教学进行了理论上的探索与实践上的推进。本书理论篇包含三章内容：第一章是对化学学科核心素养的理解，既包含对核心素养内涵的剖析，也包括对核心素养落地的基本逻辑的阐述；第二章是中学化学数字化实验教学的内涵和意义，对中学化学数字化实验的缘起、现状和基本主张进行了介绍；第三章是学科核心素养下中学化学数字化实验教学实施策略，提出了教学模型和六大教学策略，并论述了模型节点和化学学科核心素养的关系。本书的实践篇包含四章内容，分别把中学化学数字化教学模型应用于课堂教学、主题实践活动、项目式学习和中高考试题中，为中学教师提供多角度、多课型、多层次的应用尝试和实践案例。

化学数字化实验作为信息技术与化学实验结合的教育手段，一方面，与传统实验方式相比，数字化实验集合了先进测量方式与传统实验教学的优点，设备可以完成的实验类型更多，所受到客观限制（如时间、空间、材料、安全等）更少，具有便捷、直观、定量、准确等优点，实验的体验感也更好；另一方面，教材内容往往滞后于科技的发展，处于时代前沿的化学成果往往无法在传统的纸质教材中得以及时体现，而数字化实验可以弥补这一短板，把抽象、前卫的知识显性化、趣味化、生活化，使教学与时俱进。该书有三个特点：一是发展性。教育数字化是一个历史进程，化学数字化实验教学的设计和开发体现了对教育从网络化向智能化跃进的深入认识，是对新技术的运用和发展，具有极强的前瞻性和发展的眼光。二是研究性。该书理论基础扎实，对化学学科核心素养、数字化实验及两者之间的关系论述翔实，案例丰富，分析深刻，具有较强的研究性，为中学数字化教学研究提供了一个优秀范本。三是可操作性。该书提出了基于化学学科核心素养的中学化学数字化教学模型，为教师在教学中的实施提供了程序化、步骤化的设计思路的参考，并呈现了在不同教学情境下的应用案例，提出了教学策略，为教师降低了上手数字化实验教学的难度，可操作性大大提高。

如今的信息时代，数字化技术逐步渗透到教育的各个领域，影响着中国教育教学的变革和发展。《基于学科核心素养的中学化学数字化实验教学实践》论述生动而深刻，是数字化在化学教育中的实践者和指南针，它把化学学科核心素养与数字化技术结合，带动新时代的实验教学和设计实践，着眼于知识创新和前瞻性，传授学理之道，主张学习化学数字化实验教学模型和教学策略，推进教师深化学科理解、优化教学方案，实现教学与技术的进一步融合，使教师具备更为宽广的全球教育视域、更高的实验教学素养和能力，为正在形成的中国数字化化学教育提供一些有益的经验和帮助。

2023 年 3 月

蒋宇瑛　教育硕士，中小学正高级教师，成都石室中学高中化学教师，执教 22 年，成都石室中学教师发展中心主任，成都市化学特级教师，成都市化学学科带头人，成都市优秀德育工作者，成都市优秀青年教师，成都市教育系统优秀党员，四川师范大学教育硕士兼职指导教师，成都市高中化学教师研培专家组成员，成都市高三化学核心团队成员。主持或主研省市多项课题，获四川省教学成果二等奖、成都市教学成果一等奖。多次获全国、省、市赛课一等奖，多次在省市教学研讨会上进行教学成果分享。教学中注重学生学习能力和思维能力的培养。